Azedine Beschaouch leitete von 1973 bis 1982 als Generaldirektor das Institut für nationale Kunst und Archäologie
Tunesiens und rief während dieser Zeit die UNESCO-
Kampagne „Rettet Karthago" ins Leben. Von 1975 bis 1990
traf er darüber hinaus als stellvertretender Bürgermeister viele
Maßnahmen zur fachmännischen Bergung und Kartierung
archäologischer Funde.

Deutsche Textfassung: Sylvia Lindner
Wissenschaftliche Bearbeitung: Prof. Dr. Hans Georg Niemeyer
(Archäologisches Institut der Universität Hamburg)

Die Deutsche Bibliothek – CIP-Einheitsaufnahme

Karthago / Azedine Beschaouch.
[Dt. Textfassung Sylvia Lindner. Wiss. Bearb.: Hans Georg Niemeyer]. –
Dt. Erstausg. – Ravensburg: Ravensburger Buchverl., 1994
(Abenteuer Geschichte; 47) (Ravensburger Taschenbuch)
Einheitssacht.: La légende de Carthage <dt.>
ISBN 3-473-51047-5
NE: Beschaouch, Azedine; Lindner, Silvia [Übers.]; Niemeyer,
Hans Georg [Bearb.]; EST; 1. GT

ABENTEUER GESCHICHTE

Deutsche Erstausgabe als Ravensburger Taschenbuch
© 1994 Ravensburger Buchverlag Otto Maier GmbH

Die Originalausgabe erschien unter dem Titel
„La légende de Carthage"
© 1993 Editions Gallimard, Paris

Alle Rechte dieser Ausgabe vorbehalten durch
Ravensburger Buchverlag Otto Maier GmbH
Satz: Eduard Weishaupt, Meckenbeuren
Printed in Italy by Soc. Editoriale Libraria

5 4 3 2 1   98 97 96 95 94

ISBN 3-473-51047-5

KARTHAGO

Azedine Beschaouch

Ravensburger Buchverlag

ERSTES KAPITEL

VOM „PHÖNIZIEN DER ZWEITEN STUNDE" ZUM „AFRIKANISCHEN ROM"

Die ersten Tage Karthagos beginnen wie ein Märchen: Es war einmal eine phönizische Prinzessin von vollkommener Schönheit mit Namen Elissa. Sie lebte am Hof ihres Vaters, des Königs Mutto von Tyros. Doch dann ermordete ihr Bruder Pygmalion aus Habgier ihren Gatten. Elissa war gezwungen, die Heimat zu verlassen, und fuhr mit ihrem Gefolge und den Schätzen ihres Mannes aufs Meer. Ihr Schiff nahm Kurs nach West …

Eine der berühmtesten Mythen der Antike, die Sage von der Gründung Karthagos, verknüpft das Schicksal einer Frau mit der Geschichte der Seefahrt und der phönizischen Landnahme im Westen.

Von Tyros nach Karthago

Prinzessin Elissa gehört zur keineswegs kleinen Gruppe antiker Frauengestalten, deren Schicksal Maler, Schriftsteller und Musiker bis in die Moderne beschäftigte. Grundlage der ersten antiken Bearbeitungen des Stoffes waren die „Königlichen Chroniken" von Tyros (dem heutigen Sor an der libanesischen Küste). Zunächst verwertete sie der griechische Historiker Timaios von Taormina (um 300 v. Chr.), dann Menandros von Ephesos, dessen Werk als Hauptquelle für die Geschichte des Königreiches von Tyros gilt. Durch Vergil fand die Legende schließlich den Weg in das Epos und eine Form, die zwar als Fundament aller späteren Gestaltungen gilt, doch dem Beginn der Flucht nur wenig Platz einräumt. Hinweise auf diesen Teil haben sich im Werk des römischen Historikers Justinus erhalten.

In der Aeneis wird Dido (Elissa), der hellenistischen und römischen Tradition folgend, als „Gründungsheros" eingeführt. Aber im Grunde ist sie eine Gestalt der Tragödie. Ihr Schicksal, besonders ihre Liebe zu Aeneas und ihr Tod, hat zahlreiche Maler, Dichter und Komponisten inspiriert, unter ihnen Rubens, Tischbein, Tiepolo und Turner (unten), die Schriftsteller Marlowe, v. Stein, Sachs und v. Platen sowie die Musiker Purcell, Scarlatti und Haydn.

D ann wendet er sich an die Königin und sagt zur Überraschung aller Anwesenden plötzlich: „Hier stehe ich nun vor Euch, der den man sucht, Aeneas von Troja, der aus den libyschen Wellen gerettet wurde. O du, die du als einzige vom Mitleid mit dem unsäglichen Leiden Trojas ergriffen wurdest, (…) weder wir noch die anderen Troer, die noch irgendwo leben, verstreut über den Weltkreis, können dir, Dido, danken. Götter nur mögen (…) würdig dir lohnen."

Vergil,
Aeneis, 1, 595–605

Elissa flieht also aus Tyros und segelt gen Westen. In einem Hafen von Zypern nimmt sie den Hohenpriester der Göttin Astarte (oder Aschtoret) unter ihre Begleiter auf. Bald setzt sie ihre Reise fort, aber nicht ohne vorher 80 junge Frauen, die sich nach zyprischer Sitte Elissas Begleitern hingegeben hatten, entführen zu lassen.

Nach manchen Umwegen – laut Timaios wird Elissa aufgrund ihrer Odyssee von den Libyern Dido, „die Umherirrende" genannt – findet sie sich schließlich an der Küste Nordafrikas wieder. Das Schiff nimmt Kurs auf den

heutigen Golf von Tunis. Unvermittelt taucht eine langgezogene, aufs offene Meer weisende „Halbinsel auf, die fast vollständig vom Meer bzw. einem See umgeben ist und mit dem Festland über eine unwegsame Landenge und eine schwer zu überwindende Hügelkette verbunden ist" (Polybios). Von der Schönheit der Landschaft überwältigt, legen Elissa (Dido) und ihre Begleiter an einem der Strände an. An dieser Stelle wird die tyrische Prinzessin die Stadt gründen: Qart Hadasht (phönizisch „neue Stadt"), aus dem lat. „Karthago" oder „Carthago" hervorgeht.

Den Geschichtsschreibern zufolge fällt die Gründung der Stadt auf das Jahr 814 v. Chr. Die Erzählung berichtet von Elissas Mut und Entschlossenheit, aber auch von ihrem Scharfsinn, der sich am deutlichsten in der berühmten Schilderung vom Landkauf abzeichnet: Die einheimische Bevölkerung gesteht der Prinzessin nämlich nur soviel Land zu, wie sie mit einer Ochsenhaut bedecken kann. Um die Fläche zu vergrößern, läßt sie die Haut in sehr schmale Streifen schneiden, näht sie zusammen und „erfaßt" damit das größtmögliche Siedlungsgebiet!

Die Verfassung der Stadt fand nicht nur im Altertum große Bewunderung. Noch Chateaubriand schreibt: „Nach Didos Tod setzte die neu gegründete Kolonie eine Regierung ein, deren Gesetze Aristoteles rühmte. Die geschickt zwischen den beiden obersten Richtern, dem Adel und dem Volk ausbalancierte Machtverteilung überstand unbeschadet sieben Jahrhunderte und wurde von Volksaufständen oder Verschwörungen kaum erschüttert."

Aus Gram über den Weggang des Aeneas wird Dido ihrem Leben ein Ende setzen. Nach Errichtung ihres Scheiterhaufens stürzt sie sich in das Schwert, das ihr der Trojaner einst geschenkt hatte. Das tragische Ende der Herrscherin verbindet sie mit Kleopatra und Sophonisbe.

Die Sage ruft ein bedeutendes Ereignis der Antike in Erinnerung: die phönizische Expansion im westlichen Mittelmeerraum.

Die Mobilität der phönizischen Seeleute ist sprichwörtlich. Sie durchkreuzen das Mittelmeer von Ost nach West, passieren zuweilen die Säulen des Herakles (die heutige Meerenge von Gibraltar) und gelangen so bis zu den Küsten des Atlantischen Ozeans, dem vermeintlichen Ende der

„Tsor (Tyros)! Du sagtest: Ich bin das Diadem der Schönheit!
Im Herzen der Meere, deiner Grenzen, haben dich deine Gründer mit Schönheit umgeben.
Aus Zypressen von Senir (Hermon) bauten sie für dich alle Kiele, aus Zedernholz vom Libanon errichteten sie einen Mast auf dir."
Hesekiel 27,5

damaligen Welt. Mit einer Vielzahl von Hafenstützpunkten und Niederlassungen gelingt es ihnen, ein weitläufiges Handelsnetz aufzubauen, in dem der Kauf und Verkauf von Metallen eine wichtige Rolle spielt. Sie handeln mit Kupfer, das man vor allem auf Zypern und Sardinien gewinnt, mit Silber aus dem Süden der Iberischen Halbinsel, aber auch mit Blei, Eisen, Zinn und Gold. Daneben ex- und importieren sie auch hochwertige Nahrungsmittel

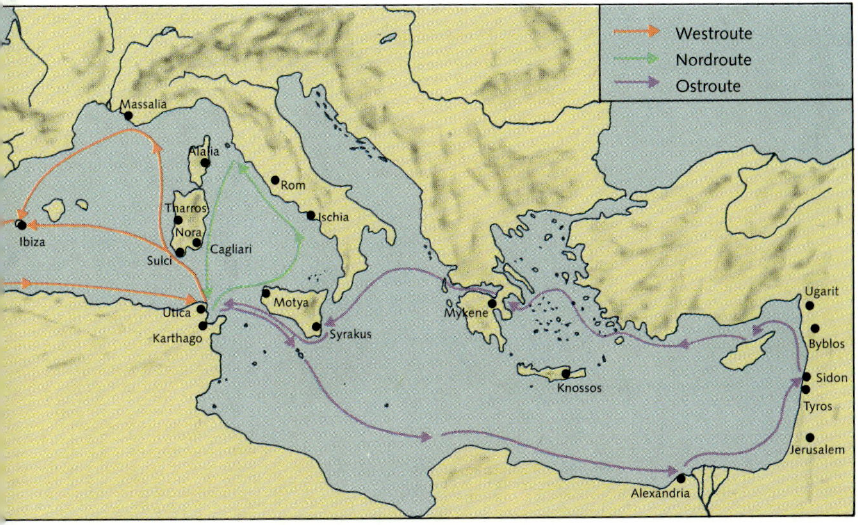

Legende:
- Westroute
- Nordroute
- Ostroute

Massalia
Alalia
Rom
Ischia
Tharros
Nora
Sulci
Cagliari
Ibiza
Utica
Karthago
Motya
Syrakus
Mykene
Knossos
Ugarit
Byblos
Sidon
Tyros
Jerusalem
Alexandria

(Wein und Öl), Stoffe und Luxusgüter. Einige Quellen berichten sogar, daß die phönizischen Schiffe bis nach Ägypten und zum Roten Meer gefahren seien, um hier Affen und Krokodile oder Edelsteine und Dufthölzer zu beschaffen. Die Vormachtstellung der Phönizier im Handel und ihre Herrschaft über die Meere behaupten sich über mehrere Jahrhunderte und verschaffen ihnen große Berühmtheit.

Doch der Erfolg schafft Neider, besonders unter den griechischen Rivalen, die ihren phönizischen Konkurrenten nicht gerade freundlich gegenüberstehen. So beschreibt man bald den phönizischen Kaufmann als „einen fliegenden Händler mit vielen guten Beziehungen, der von Insel zu Insel fährt, die griechischen Frauen verführt, um dann genauso schnell wieder abzureisen, wie er gekommen ist". Doch das schlechte „Image" der phönizischen Kaufleute hat seinen Ursprung in den Kämpfen

Der ägyptische Würdenträger Wenamun, der sich um 1070 v. Chr. in offizieller Mission in Byblos aufhält, schlägt dem Prinzen vor, zur Erinnerung an die von ihm an den Pharao gelieferten Schiffe, Geräte und Holzladungen (unten) eine Gedenkstele zu errichten.

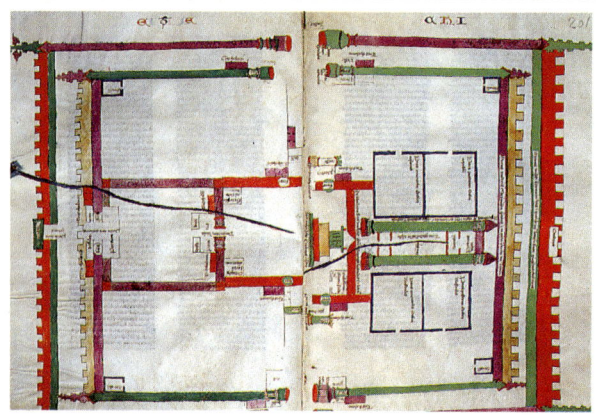

In der Bibel wird berichtet, daß Hiram I., König von Tyros (im 10. Jahrhundert v. Chr.) die Hebräer nicht nur mit Gold, Silber und Holz beliefert, sondern vor allem mit qualifizierten Handwerkern und Künstlern. Letztere sind am Bau des Tempels in Jerusalem und beim Einsetzen seiner architektonischen Verzierungen, insbesondere der vergoldeten Reliefs, beteiligt.
Das Phönizische (unten) – das erst 1758 entschlüsselt wird – gehört zu den semitischen Sprachen des Nordwestens. Es unterscheidet sich vom aramäischen und hebräischen Zweig des Semitischen.

um Ressourcen und Märkte, vor allem aber in der allezeit und überall nachweisbaren Abneigung gegen Kleinhändler, die man schon immer für besonders raffgierig hielt.

Im Gegensatz zu diesem verzerrten Bild sprechen die Bibel und die ägyptischen Papyrusrollen von geordneten

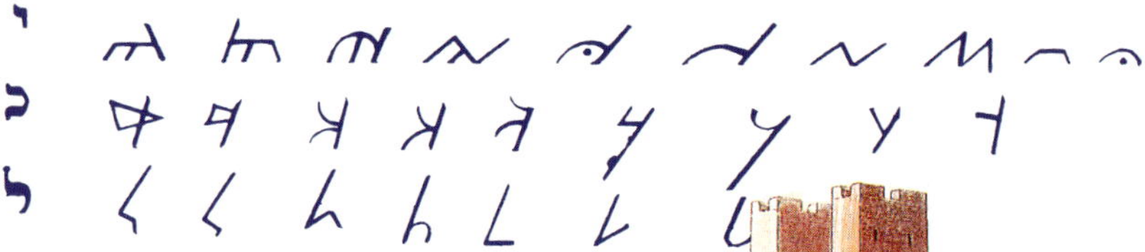

und zivilisierten Geschäftsbeziehungen. So kommt im 11. Jahrhundert v. Chr. der Ägypter Wenamun nach Byblos „auf der Suche nach Holz für das große und prächtige Schiff des Götterkönigs Amun-Re". Im 10. Jahrhundert benötigt König Salomon Holz für den Bau des Tempels von Jerusalem. Er bittet Hiram darum, den König von Tyros, der ihm entgegnet: „Ja, ich werde dir soviel Zedern- und Zypressenholz geben, wie du willst. Meine Diener werden es aus dem Libanon ans Meer schaffen. Ich werde daraus Flöße bauen lassen und sie übers Meer bis an den von dir angezeigten Ort transportieren, wo ich sie wieder zerlegen lassen werde." Noch drei Jahrhunderte später beauftragt Pharao Necho wiederum tyrische Seeleute mit der Mission, Afrika zu umschiffen.

Auch die Moderne ist nicht vor einer fehlerhaften Bewertung der Phönizier gefeit, denn am Ende des 19. Jahrhunderts kommt es zu einer regelrechten „Phönikomanie". Unter anderem behaupten die Vertreter dieser Modeerscheinung, daß die Phönizier den Griechen in der Navigationskunst weit überlegen gewesen wären. Es heißt sogar, Homer hätte sich von einem phönizischen *Periplus* *

zu seiner „Odyssee" inspirieren lassen! Licht ins Dunkel bringt erst die Archäologie, die gerade in den letzten Jahren bemerkenswerte Fortschritte im Bereich der Phönizier-Forschung, vor allem in Italien und Spanien, erzielen konnte. Sie ermöglicht heute ein ausgewogenes und vielschichtiges Bild von den Phöniziern und ihrer Kultur. Die „Erfinder" des Alphabets und die Pioniere der Seewege entpuppen sich als Städtegründer und Kulturvermittler.

„Nachdem Necho (Pharao von Ägypten, 610–595 v. Chr.) auf den Bau eines Kanals zwischen dem Nil und dem arabischen Golf (Rotes Meer) verzichtet hatte, ließ er phönizische Schiffe mit dem Auftrag auslaufen, über die Säulen des Herakles und das Nordmeer wieder nach Ägypten zurückzukehren. Die Phönizier fuhren vom eritreischen Meer (Indischer Ozean) über das Südmeer. So vergingen zwei Jahre. Im dritten Jahr passierten sie die Säulen des Herakles und kamen zurück nach Ägypten."

Herodot,
Historien, IV, 42

---

* *kursive Begriffe* **siehe Glossar Seite 180.**

Geschichte aus römischer Sicht

Römische Autoren bezeugen die Existenz punischer (= karthagischer) Bibliotheken, doch nach
dem Untergang Karthagos werden ihre Bestände
entweder verbrannt oder aufgelöst. Punische
Geschichte aus punischer Sicht zu schreiben ist also
nicht möglich. Die erhaltenen Quellen stammen aus
den Federn gegnerischer Autoren, und so kann es
nicht verwundern, daß sie von Vorurteilen und Miß-
trauen, zuweilen auch von Fremdenhaß geprägt sind.
All dies sind Charakteristika, die sich aus der Schwierig-
keit ergeben, eine andere Kultur zu begreifen.

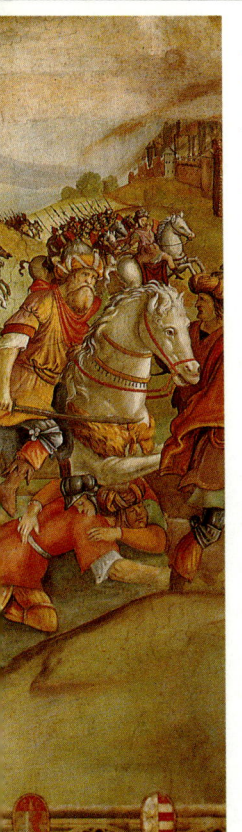

So wird die lange Geschichte Karthagos durch die Überlieferung im Grunde auf das Jahrhundert der „Punischen Kriege" (264–146 v. Chr.) reduziert. Man erfährt nichts über die städtebauliche Entwicklung der Metropole zwischen dem 8. und 2. Jahrhundert, nichts über sein blühendes Wirtschaftsleben – das zunächst auf dem Seehandel, später aber auch auf der Landwirtschaft und insbesondere der Forstwirtschaft beruhte – und nichts über seine militärische Stärke. Keine punische Quelle kommentiert die Expansion im westlichen Mittelmeerraum mit ihren zahlreichen Stützpunkten auf Malta, Sizilien, Sardinien, auf den Balearen und in Südspanien. Bei der Gegenüberstellung von römischer und karthagischer Kultur ist man sogar allgemein dazu übergegangen, die semitischen Wurzeln Karthagos hervorzuheben. Man spricht vom Antagonismus zwischen Okzident und Orient, zwischen Zivilisation und Barbarei, und wenn dieser Ausdruck nicht so einen aktuellen Beiklang hätte, würde man gar von einem Nord-Süd-Konflikt sprechen!

Durch den detaillierten Bericht des griechischsprachigen Historikers Polybios über die große Schlacht bei Cannae – bei der Hannibal im Sommer 216 v. Chr. einen denkwürdigen Sieg erringt (linke Seite) – erhalten wir ein recht genaues Bild von den karthagischen Armeen. Es gilt als erwiesen, daß ihre Siege weder auf große Truppenstärken noch auf eine besondere Ausrüstung zurückzuführen sind. Ihre Bewaffnung (Harnisch, Helm, runder oder ovaler Schild, Lanze und Schwert) entspricht im allgemeinen der Ausrüstung der Armeen der hellenistischen Welt (oben). Eine ausschlaggebende Rolle spielen allerdings die Kavallerie und die von Hannibal eingesetzten Elefanten.

Die drei Punischen Kriege, in denen sich Karthago und Rom gegenüberstehen, werden von den Heldentaten Hannibals, „dem größten Heerführer aller Zeiten", beherrscht.

Nach dem ersten Krieg, der 23 Jahre lang zu Wasser und zu Lande geführt wird (264–241 v. Chr.), annektiert Rom, das schon über Sizilien herrscht, Sardinien. Parallel dazu weitet Karthago – als eine Art Ausgleich für die auf den beiden großen Inseln verlorenen Stellungen – seine Herrschaft in Südspanien aus und kontrolliert die Bodenschätze Andalusiens. Dieses neue Reich sollte der Ausgangspunkt für den zweiten und berühmtesten Krieg (218–202 v. Chr.) sein.

SCIPIO·ET·ANNIBAL
SVPERATAQVA·
ADINVICEM
CONVENIVNT

Die Schlacht bei Zama

Für Hannibal ist der Feldzug in Italien (218–216 v.Chr.) eine Folge von aufsehenerregenden Siegen. Währenddessen erobert sein Gegenspieler Scipio Africanus Teile der Iberischen Halbinsel, entschließt sich dann aber, den römischen Angriff direkt nach Afrika zu verlagern und in der Umgebung von Karthago Krieg zu führen. Der Senat der punischen Metropole, der von den politischen Gegnern Hannibals beherrscht wird, strengt Verhandlungen mit Scipio an, denn dieser hat sich zuvor der Unterstützung des Numiderkönigs Masinissa versichert und kann daher aus der Position des Stärkeren verhandeln. Aber im Frühjahr 202 v.Chr. kommt es zum Bruch. Anfang Herbst stehen sich die feindlichen Truppen bei Zama gegenüber. Polybios und Titus Livius, Zeitzeugen der damaligen Ereignisse, berichten, daß die beiden Heerführer noch unmittelbar vor der Schlacht ein Gespräch führten. Wahrheit, Dichtung oder theatralische Dramatisierung? Widerhall der alten Überlieferung von Zweikämpfen zwischen den Helden zweier feindlicher Heere? Es spielt keine Rolle, jedenfalls hat die Nachwelt diese Begegnung in Erinnerung behalten.

Die Persönlichkeit Hannibals, insbesondere aber seine ungewöhnliche Strategie verleihen der Schlacht von Cannae, die im Jahr 216 v. Chr. zum Sieg über die Römer führt, ihre besondere Bedeutung. Berühmt wird der Zweite Punische Krieg aber auch wegen der tiefen Krisen – finanzieller und wirtschaftlicher, aber auch sozialer und politischer Art –, die er in Rom ebenso wie in ganz Italien und auch an anderen Orten auslöst.

Manche der zahllosen Auseinandersetzungen sind in Vergessenheit geraten, doch mit dem Zweiten Punischen Krieg bleibt auf alle Zeiten die spektakuläre Überquerung der Alpenpässe verbunden, die Hannibal auf seinem Marsch von Karthago bis zur Poebene gelingt. Den Krieg von 218 bis zum Sommer 216 bestimmt der karthagische Feldherr an allen Fronten. Er erkämpft Sieg um Sieg im Tessin, an der Trebia, am Trasimenischen See und schließlich bei Cannae. Sicherlich wird für Hannibal nach diesen denkwürdigen vernichtenden Niederlagen des römischen Heeres die Zeit der Rückschläge anbrechen, zuerst in Sizilien, dann in Spanien und schließlich in Afrika selbst. Und gewiß wird Rom letztendlich den Sieg davontragen. Aber die Tatsache, daß sich Karthago nach dieser Niederlage wieder aufrichtet, beweist, daß die Schlacht bei Zama – in der Scipio Africanus das Heer Hannibals besiegt – in keiner Weise den endgültigen Sieg Roms oder eine vollkommene Demütigung des punischen Heerführers bedeutet.

Im Krieg gegen Karthago und Hannibal erkennen die Scipionen bald die wirtschaftliche und strategische Bedeutung der Iberischen Halbinsel.

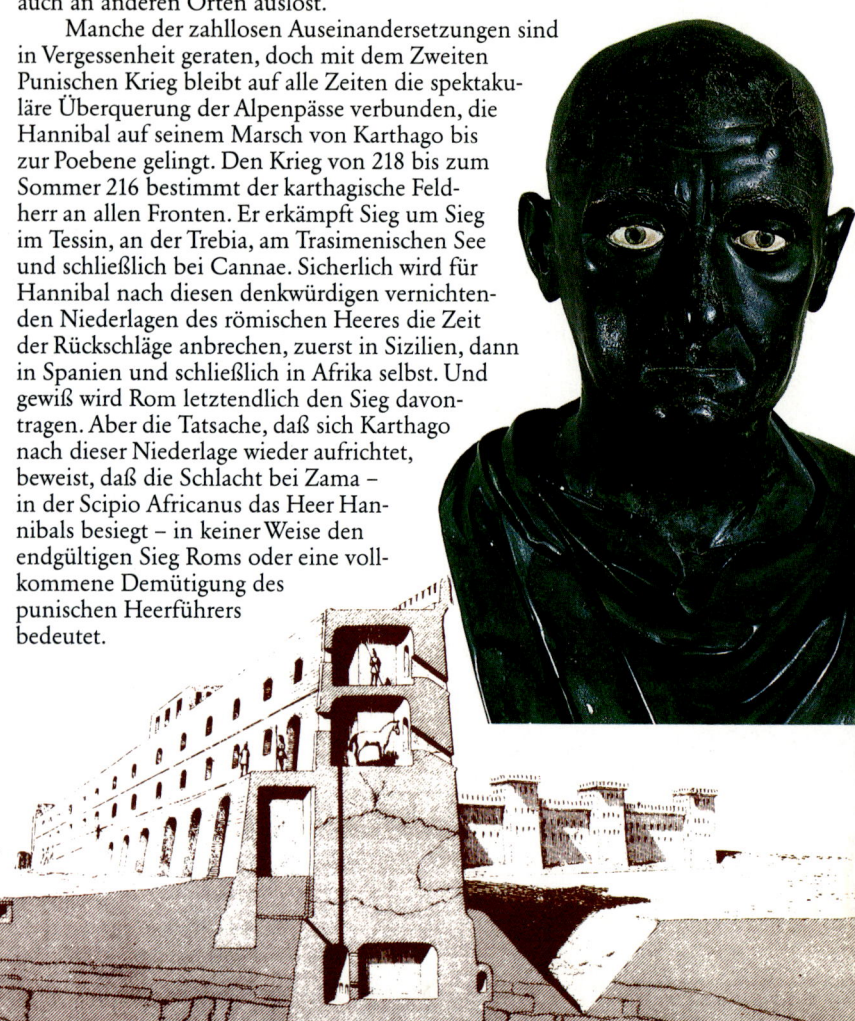

Trotz des Sieges von Scipio Africanus (linke Seite) wird bald ein neuer Krieg zwischen den beiden Städten unausweichlich. So beschließt Rom im Jahr 149 v. Chr. die Zerstörung Karthagos und rüstet zum Krieg. Der Adoptivenkel von Scipio Africanus, Scipio Aemilianus, der für das Jahr 147 zum Konsul gewählt und vom römischen Volk an die Spitze des Heeres berufen wird, belagert die punische Metropole vom Meer aus und zu Lande und versperrt den Zugang zu den Häfen. Nach der Einnahme des Militärhafens und der Agora holt er im Frühjahr 146 zum Vernichtungsschlag gegen die Zitadelle auf dem Byrsa-Hügel aus. Eine Woche lang wütet Tag und Nacht ein erbitterter Kampf. Das Gemetzel scheint nicht enden zu wollen. Es gibt nur 50 000 Überlebende. Die Frau des karthagischen Feldherrn Hasdrubal entzieht sich der Gefangennahme und findet gemeinsam mit ihren Kindern den Tod in den Flammen des Eschmun-Tempels.

Karthago hat offensichtlich keine Mühen, seinen Wohlstand zu erhalten. Zehn Jahre nach Kriegsende unterbreitet Rom den Karthagern schon den Vorschlag, vorzeitig die gesamten Reparationszahlungen zu leisten, die ursprünglich über 50 Jahre gestaffelt werden sollten.

Bald nimmt Karthago seine wirtschaftliche Machtstellung im Mittelmeerraum wieder ein und erlebt einen Aufschwung im Bereich des Städtebaus, wie jüngste Ausgrabungen belegen. Selbst den

Kriegshafen kann man ausbauen. Die Befürchtungen der schärfsten Gegner Karthagos, die in Rom 150 v. Chr. die Mehrheit erlangen, sind daher verständlich, doch sie fordern die endgültige Vernichtung des karthagischen Staates.

Die Legende von der frischen Feige aus Karthago, die Cato der Ältere, Anführer der antikarthagischen „Partei", dem römischen Senat vorlegt, steht für den Wohlstand der nun wieder bedrohlich mächtig gewordenen punischen Hauptstadt. Und Catos Leitsatz – „delenda est Carthago" – „Karthago muß zerstört werden!" verdeutlicht, daß der dritte Krieg (149–146 v. Chr.), der von Rom mit einem unerhörten Zynismus erklärt und wie ein „totaler Krieg" geführt wird, nicht nur die Niederlage des Feindes zum Ziel hat, sondern auch seine völlige politische Vernichtung und die Zerstörung seiner Hauptstadt. In der Tat ist dieser dritte und letzte Krieg „ein Vernichtungskrieg und fast ein Völkermord".

Im Frühjahr 146 wird die Stadt nach acht Tagen grausamster Straßenkämpfe eingenommen und in Brand

Der Geschichtsschreiber Diodor berichtet, daß Scipio Aemilianus beim Anblick der Flammen in Tränen ausgebrochen sei. Seinem erstaunten Freund Polybios gegenüber gesteht er, daß er fürchte, Rom würde eines Tages das gleiche Schicksal ereilen wie Karthago. Und mit erhobener Stimme zitiert er zwei Verse der Ilias: „Der Tag wird kommen, an dem Ilion (Troja), die heilige Stadt, untergehen wird und mit ihr Priamos und Priamos' Volk, das geschickt mit der Lanze umgehen kann."

gesteckt. Die Bauwerke, die noch stehen, werden zerstört, die Bücher verbrannt oder geraubt, die Überlebenden – ein geringer Teil der Bevölkerung – versklavt. Karthago wird aus der Weltkarte ausradiert und seine nähere Umgebung mit einem Fluch belegt ...

„Colonia Julia Carthago": das afrikanische Rom

Nur etwas mehr als ein halbes Jahrhundert später sieht man einen Römer gedankenverloren in den Ruinen der Stadt umherstreifen. Es ist der berühmte Marius, Sieger über den Numiderkönig Jugurtha und Rivale des Diktators Sulla, der ihn verbannt hat.

Außerhalb des verbotenen Gebiets versucht schon 122 v. Chr. der jüngere der beiden Gracchen, der Tribun Gaius Gracchus, Karthago durch die Gründung einer römischen Kolonie im Zeichen der Göttin Juno (Colonia Junonia Carthago) wieder zum Leben zu erwecken, doch sein Versuch wird scheitern. Die zerstörte Stadt wartet weiterhin auf ihre Wiederherstellung.

Jahrzehnte vergehen, dann – mit Julius Cäsar – fällt die Entscheidung zum Wiederaufbau. Er trifft sie kurz vor seinem Tod im März 44 v. Chr. Sein Adoptivsohn Augustus führt den Entschluß aus und gründet die dem Andenken an Cäsar geweihte und im Zeichen der Göttin Concordia stehende „Colonia Julia". Diese Stadt, mit einem typisch römischen Bebauungsplan, mit gewaltigen Bauten und Platzanlagen zur Feier der römischen Staatsideologie im Zentrum, verdeckt im wesentlichen das, was von den Überresten der punischen Stadt verblieben war.

Ihren größten Aufschwung erfährt sie in den ersten Jahrhunderten des römischen Imperiums. Ihr wird ein großes Gebiet zugeteilt, das mehr als 100 km entfernt an der Westküste an das ehemalige Land der Numider angrenzt. Die Landbesitzer, unabhängig von Karthago in Körperschaften verschiedener Art, vor allem in Kollektiven (pagi) organisiert, verhelfen dem Land zu neuer Blüte.

Es gibt viele ertragreiche Getreideböden und Land, das sich für den Anbau von Oliven und Wein eignet. Unter dem Einfluß Karthagos – dem regionalen Zentrum und der Hauptstadt der römischen Provinz Africa – breiten sich die städtischen Strukturen rasch aus. Nach und nach wird das Lateinische zur Umgangssprache, und auch auf dem Land gewinnt die römische Kultur zunehmend an Bedeutung. Vom zweiten Jahrhundert an ist Karthago eine große Metropole und wird dieses Ansehen bis zum 5. Jahrhundert n. Chr. genießen. So trägt sie – wie der Marseiller Kirchenschriftsteller Salvianus um 440 in seiner Abhandlung „De gubernatione dei" (Über die Herrschaft Gottes) schreibt – zu Recht den Namen eines „Rom von Afrika".

Im Licht des Glaubens

In gleicher Weise wie Rom erlebt auch Karthago den Aufschwung des römischen Imperiums und die Anfänge des christlichen Glaubens. Im 2. Jahrhundert werden Theologie und Liturgie in der Kirche von Rom in griechischer Sprache vermittelt. Aber schon um 170 entsteht in Karthago eine lateinische Kirchengemeinde. Auf sie geht vielleicht die erste lateinische Fassung der Bibel zurück. Ganz sicher jedoch wird das Lateinische durch sie zur Sprache der abendländischen Kirche.

Diese Kirchengemeinschaft gruppiert sich um den karthagischen Priester Tertullian (ca. 160 – 220 n. Chr.), einen eifrigen Verfechter der neuen Glaubenslehre, die sich ihrer Stärke bereits bewußt ist. In einer seiner zahlreichen Schriften heißt es über die Christengemeinschaft: „Wir bilden in jeder Stadt die Mehrheit." Tertullians rigorose Kompromißlosigkeit entfremdet ihn der katholischen Kirche, und er wechselt zur Sekte der Montanisten, die mit aller Konsequenz die Überlegenheit der Propheten über die Kirchenhierarchie einklagen. Gleichwohl heben sich aus seinem Werk sein „Apologeticum", in dem er das Christentum ver-

Mosaiken dienen nicht nur als Raumschmuck, sondern sind auch ein Mittel der Selbstdarstellung. So wählen reiche Gutsherren oft ländliche Motive, wie Olivenhaine, Weinberge und Getreidefelder. Eine Reihe von Ernteszenen zeigt das berühmte Mosaik des „Gutsherrn Julius", das in Karthago entdeckt wurde (links). Andere Mosaiken und vor allem die Literatur des römischen Afrika geben Aufschluß über die Freizeitgestaltung und die Kultur der aristokratischen Gesellschaftsschicht.

verteidigt, und seine Abhandlung „De patientia" (Über die Geduld) heraus. Nach Jacques Fontaine handelt es sich um ein Werk, das „ein ganz mystisches und sehr ausgewogenes Verständnis des christlichen Lebens als Nachahmung der Geduld des Mensch gewordenen und leidenden Christus" zum Ausdruck bringt. Mit seinen Schriften erweist sich der kritische Gegner der Kirche von Karthago zugleich als ein „stilgewandter" lateinischer Schriftsteller von Rang, dessen Werk erst im Mittelalter in Vergessenheit geraten sollte.

Die Archäologie und mit ihr die Ikonographie zeigen, daß die fortschreitende Ausbreitung des Christentums weder in Karthago noch in anderen Teilen Afrikas die traditionelle Lebensweise sowie heidnische Themen in der bildenden Kunst verdrängte. So kommt es, daß der junge Augustinus als Student 382 in Karthago in die Mysterien der afrikanischen Göttin Caelestis eingeführt wird.

Neben diesem Polemiker erlebt die karthagische Kirche wenig später mit dem heiligen Cyprianus einen Kirchenmann ganz anderer Denkungsart, der bereits zwei Jahre nach seinem Beitritt (246) das Bischofsamt in Karthago übernimmt. Nach Jahren der Verfolgung, in denen sich Cyprianus als Meister der Kirchenverwaltung erweist, findet der Bischof schließlich (258) unter Valerianus I. den Tod: In den Augen der Nachwelt gilt er aber bald als berühmtester Märtyrer des christlichen Afrika.

Augustinus: ein Universalgenie aus Afrika

Nach dem Elementarunterricht in seiner Geburtsstadt Tagaste und einem weiteren Ausbildungsabschnitt in Madaura nimmt der junge Augustinus 371 sein Studium in Karthago auf. Bald gilt er als glänzender Lehrer der Rhetorik und erhält einen Ruf nach Rom, später auch nach Mailand, wo er im Jahr 387 getauft wird. Er kehrt nach Afrika zurück und kämpft, seit 396 als Bischof von Hippo (Annaba), unermüdlich bis zu seinem Tode (430) für eine vereinigte Kirche. In diesen Jahren erstrahlt die Hauptstadt des römischen Afrika im Glanze ihres regen intellektuellen Lebens. In Karthago profilieren sich Philosophen, Redner und gefürchtete Polemiker, Dichter und Schriftsteller, pedantische Exegeten, Hagiographen und Theologen.

Will man Augustinus Glauben schenken, der in den „Bekenntnissen" sein Studentenleben nachzeichnet, so herrschten – zumindest während dieser Zeit – in Karthago das Chaos und die Sünde. „Nach und nach entbrannte in mir die Begierde, das Universum meiner Jugend mit höllischen Freuden zu überschwemmen, und auch ausschweifenden Liebesabenteuern, die ebenso wechselhaft wie dubios waren, entsagte ich nicht." „Karthago ... Sartago" lautet seit jener Zeit ein beliebtes Wortspiel: Karthago ... Pfuhl der sündigen Liebe. Die manichäische Lehre – nach der

„Cyprianus wird bald zur Legende, zu einer Legende ganz eigener christlicher und afrikanischer Art. Nicht nur im lateinischen Abendland findet er uneingeschränkte Bewunderung, sondern vor allem in Afrika ist er beliebt, ja populär. Karthago weiht ihm drei Basiliken und Kapellen und gedenkt seines Geburtstags noch Jahrhunderte später. Er wird zum Lehrmeister für die Gelehrten, die afrikanischen Geistlichen und sogar für die Donatisten, die sich verzweifelt an seine Lehre klammern. Sein Einfluß im Bereich der Literatur ist so stark, daß schon zu seinen Lebzeiten eine ‚cyprianische Schule' entsteht."

Paul Monceaux

das Böse nicht dem freien Willen des Menschen entspringt, da sich seine Wurzeln im Körper befinden – erfreut sich in Karthago lange Zeit großer Beliebtheit.

Neun Jahre lang wird der junge Augustinus als Student und später als Lehrer von den wissenschaftlichen Aspekten und den astrologischen Ansätzen des Manichäismus beherrscht. 383 trifft er dann in Karthago auf einen ihrer Wortführer, den aus Mileve in Numidien stammenden Faustus, der eine starke Überzeugungskraft besitzt und bei der karthagischen Bevölkerung große Erfolge verbuchen kann. Doch Augustinus wendet sich von ihm ab und wird zum Skeptiker.

Neben den Manichäern gewinnen auch die sogenannten Donatisten, die Anhänger der Lehre des Donatus von Casae Nigrae, eine große Anhängerschaft unter den karthagischen Volksmassen und der kaum romanisierten Landbevölkerung. Ursache des Konflikts zwischen der katholischen Kirche und den Donatisten ist der den Donatisten eigene Hang zum religiösen Rigorismus,

Auf diesem Gemälde von Botticelli wird der heilige Augustinus als Gelehrter – der seine Gedanken „sucht" oder zu Papier bringt – und zugleich in der typischen Haltung eines Redners dargestellt. In der Tat wird das augustinische Gedankengut in Afrika und im gesamten christlichen Abendland durch das gesprochene und das geschriebene Wort (in Predigten, Diskussionen, Streitgesprächen, Abhandlungen und Briefwechseln) verbreitet.

ihre Vorstellungen von der Kirche als einer Gemeinschaft der Auserwählten. Verstöße gegen diese Haltung, wie etwa die Auslieferung der Heiligen Schrift an die heidnischen Behörden zu Zeiten der Christenverfolgung, führen nach Ansicht der Donatisten dazu, daß auch die von den Auslieferern gespendeten Sakramente als ungültig zu gelten haben. Am 1. Juni 411, ein Jahrhundert nach Beginn der Auseinandersetzungen, erreicht Augustinus eine Disputation von katholischen und donatistischen Bischöfen in Karthago. Die Lehre des Donatus wird hier zwar verurteilt, überlebt aber bis zum Untergang des afrikanischen Christentums.

Donatus genießt eine außerordentliche Popularität, und sogar seine katholischen Gegner gestehen ihm Tugenden und außergewöhnliche Fähigkeiten zu. Seine Lehre wird zwar 411 verurteilt, doch zeigt die Geschichte des Christentums immer wieder bemerkenswerte Ansätze zu einem religiösen Rigorismus.

Karthago und das christliche Afrika erleben auch den aus Irland stammenden Proselyten Pelagius, der das Ideal der Askese und eine Philosophie des freien Willens propagiert. Seine Lehre wird in Karthago mit großer Überzeugungskraft fortgeführt. Augustinus beginnt sehr bald, sich dieser Lehre zu widersetzen. Er läßt den Pelagianismus durch ein Konzil mit dem Kirchenbann belegen und widmet allein seiner Widerlegung 15 Abhandlungen.

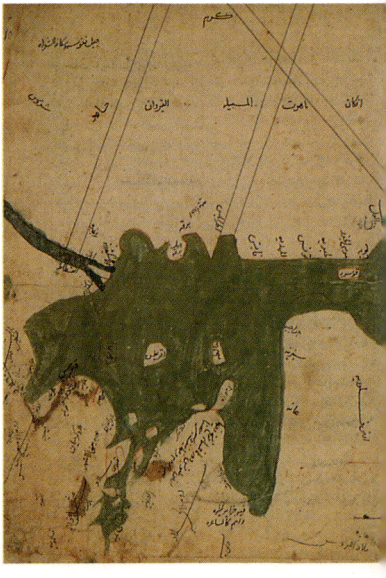

Durch Augustinus wird Karthago zur bedeutendsten Stadt der Konzile und zur Vorreiterin im Kampf für den Glauben und die kirchliche Einheit. So erklärt sich auch die Bemerkung des begeisterten Augustinus-Anhängers Prosperius von Aquitanien: „Afrika, du bringst mit dem größten Eifer die Sache unseres Glaubens voran. Was du entscheidest, wird in Rom gebilligt und von den Herrschern der Erde befolgt."

Die düsteren letzten Jahrhunderte Karthagos

Seine Lage am Südrand des Mittelmeers scheint Karthago vor barbarischen Einfällen zu schützen. Aber im Jahr 430, dem Todesjahr des heiligen Augustinus, unterwerfen die

Vandalen unter König Geiserich (389–477) bei ihrem
Feldzug von Westen nach Osten einen großen Teil der
afrikanischen Provinzen, und Karthago wird bald zur
Hauptstadt des ersten unabhängigen germanischen Staates
auf römischem Boden. Den zeitgenössischen Dichtern
zufolge unternehmen die Nachfolger Geiserichs den
ehrenvollen Versuch, Karthago zu verschönern und seine
Denkmäler zu restaurieren. Doch der Zustand der Monumente läßt es nicht zu, solchen Lobreden Glauben zu
schenken. Das Königreich der Vandalen wird wiederum
von den byzantinischen Truppen niedergeschlagen, die im
Jahr 533 auf Befehl des Kaisers Justinian einfallen und die

afrikanische Metropole
und ihren Staat in das
Byzantinische Reich
eingliedern. Der Wohl-
stand kehrt zurück…
Aber nach der schritt-
weisen Eroberung durch
die Araber (647–698)
ändern sich die Kräfte-
verhältnisse und die
Lebensbedingungen
grundlegend. Kairuan
wird gegründet. Kar-
thago verliert seine
Vormachtstellung.

Die Vandalen stellen
die Geschichtsfor-
scher nicht nur wegen
ihres rätselhaften Feld-
zugs, der sie durch
Europa nach Nordafrika
führt, vor unlösbare Fra-
gen. Ihre Eroberungen
sind überraschend, doch
sind sie auf den angebli-
chen Verfall Karthagos
und des römischen
Afrika zurückzuführen?
Genügt es, sich auf die
Qualitäten Geiserichs
als Heerführer zu beru-
fen? Unklar bleibt auch,
weshalb die Vandalen
sich nach ihrer Nieder-
lage offensichtlich in
der Geschichte verlie-
ren. Sollte am Ende nur
der Begriff des „Vandalis-
mus" überlebt haben?

ZWEITES KAPITEL

VERSTREUTE SPUREN

Karthago verschwindet, doch in der Erinnerung bleibt es über die Jahrhunderte hinweg lebendig: Es überlebt in den Schulen, bleibt durch die Vermittlung der historischen Quellen erhalten. So wird Karthago schließlich zu einem Teil der abendländischen Geschichte, und deshalb ist es auch nicht verwunderlich, daß die ersten Forscher an den archäologischen Ausgrabungsstätten Europäer sind. Zunächst sind ihre Ruinen aber auch in der arabischen Literatur ein Thema.

Weniger die majestätische Größe seiner Ruinen, als vielmehr seine ruhmreiche Vergangenheit hat Karthago – bis zur Entdeckung der historischen Stätten im 19. Jahrhundert – davor bewahrt, in Vergessenheit zu geraten.

Die Wiederentdeckung Karthagos

Der Andalusier El-Bekri, den man auch heute noch wegen seiner fundierten und genauen Angaben schätzt, berichtet im 11. Jahrhundert als erster arabischer Chronist und Geograph ausführlich über die Überreste von Karthago. Er lokalisiert die Stadt an der Küste und weist auf ihre von Wellen umspülten Befestigungsmauern hin. Aber das „großartigste Bauwerk von Karthago" ist seiner Ansicht nach das „Haus der Spiele", das er „thiater" nennt. Seiner recht genauen Beschreibung kann man entnehmen, daß es sich um das römische Amphitheater handelt: „Dieses Gebäude besteht aus mehreren konzentrisch angeordneten Arkadenringen, die von Säulen gestützt werden und von innen nach außen stufenweise ansteigen. Die Mauern sind mit Tierzeichnungen verziert. (...) Man kann Figuren erkennen, die die Winde symbolisieren: der lächelnde Ostwind und der mürrische Westwind." Außerdem erwähnt er ein „Schloß", ein monumentales Gebäude „mit mehreren Stockwerken, die von mächtigen, gerieften Säulen aus schneeweißem Marmor getragen werden".

　　Ausgrabungen in den 50er Jahren haben ergeben, daß es sich hierbei um die großen Thermen von Karthago, die

Sicherlich hat Karthago zwischen dem 8. und 10. Jahrhundert weder den Rang einer Hauptstadt noch steht es in besonderer Blüte. Der Geograph Ibn Hawqal beschreibt im 10. Jahrhundert lediglich den Überfluß an Früchten, die Vielfalt der Bodenerzeugnisse und den Viehbestand. Dennoch beweisen die Zeugnisse von El-Bekri und Idrisi – der Karthago auf seiner Karte (oben) verzeichnet –, daß die arabischen Armeen die großen Bauwerke der Antike keineswegs völlig zerstört hatten.

sogenannten „Antoninsthermen", handelt. Man hat sogar das gewaltige Kapitell wiederentdeckt und es unlängst nach einer *Anastylose* wieder auf die zugehörige Säule gesetzt.

El-Bekri schreibt bewundernd – und nicht ganz ohne Übertreibung: „Auf dem Kapitell einer dieser Säulen könnten bequem zwölf Männer im Schneidersitz Platz nehmen." Nebenbei erwähnt er, daß „sich der Hafen innerhalb der Stadtmauern befindet (ein deutlicher Hinweis darauf, daß es sich um einen künstlich angelegten Hafen handelt) und die Schiffe mit vollen Segeln einliefen; aber heute ist dort nur noch ein salziger Sumpf zu sehen." Wie in einem Reiseprospekt verkündet er: „Wenn jemand Karthago jeden Tag besichtigen und sich dabei nur auf das Betrachten beschränken würde, stieße er jedesmal

auf ein neues Wunder, das er vorher noch nicht bemerkt hat." Schließlich stellt er den außerordentlichen Reichtum an Marmor fest und bemerkt allzu optimistisch: „Selbst wenn alle Bewohner Nordafrikas mit vereinten Kräften die Marmorblöcke wegtransportieren wollten, würden sie niemals damit fertig werden." In Wahrheit aber sollte der Marmor aus den Ruinen von Karthago eines Tages fast ganz verschwunden sein …

Eine Frage stellt sich den Historikern allerdings, und es ist nicht sicher, ob die Archäologie zu ihrer Beantwortung beitragen kann: Wie konnten die von El-Bekri beschriebenen Verzierungen an den Gebäuden des letzten Karthago fast völlig verschwinden?

Im 12. Jahrhundert gibt es in Karthago noch „beachtliche Spuren römischer Monumente".

Der berühmte arabische Geograph und Kartograph Idrisi, der lange Zeit im Dienst von König Roger II. von Sizilien steht, weist nach der Besichtigung der Anlage ebenfalls auf die majestätische Größe des Amphitheaters – „ein kreisrunder Bau mit ungefähr 50 Arkaden" – und seine mit Figuren verzierte Fassade hin. „Jede Arkade wird mit einem Bogen abgeschlossen, und auf dem Bogen der unteren Arkade sind unendlich kunstvoll verschiedene Figuren und eigenartige Darstellungen von Menschen, Tieren und Schiffen eingearbeitet. (…) Angeblich war dieses Bauwerk früher für Spiele und öffentliche Vorführungen bestimmt." Unter all den

Sehenswürdigkeiten von Karthago entgehen Idrisi weder die großen Zisternen, die mit dem Wasser aus dem Aquädukt gespeist werden, noch der Aquädukt selbst, „über den das Wasser gleichmäßig von der Quelle über unzählige Brücken in die Zisternen geleitet wurde. Diese Brücken bestanden aus Steinbögen, deren Höhe sich nach den jeweiligen Gegebenheiten des Geländes (Anhöhen, Täler) richtete. Dieser Aquädukt ist eines der beachtlichsten Bauwerke überhaupt".

El-Bekri und Idrisi sind in der arabisch-muslimischen Welt vor Ibn Khaldoun die letzten großen Zeugen für die Bedeutung und Pracht des antiken Karthagos. Sie beschreiben die Stadt in ihren Schriften und Karten.

Im Hochmittelalter, an der Wende zum 11. Jahrhundert, begibt sich Sidi Mahrez, ein Gelehrter aus Tunis (der später aufgrund seiner Weisheit und Frömmigkeit zum Schutzpatron der Stadt erhoben wird), nach Karthago, um sich dort auf den Ruinen der geschundenen Stadt niederzulassen. Er widmet ihr ein bemerkenswertes Totenlied, eine Art *Threnos* nach dem Vorbild der griechischen Dichter, in dem er die großen historischen Epochen noch einmal aufleben läßt, die schönsten Monumente – das Amphitheater und den Aquädukt – hervorhebt

„Weshalb diese Leere nach der Freude? Diese Not nach dem Ruhm? Dieses Nichts, das einst eine Stadt war? Wer gibt die Antwort? Nur der Wind, der die Lieder der Dichter ersetzt und die einst vereinten Seelen fortweht."

Sidi Mahrez

und beim Anblick der mächtigen Ruinen Tränen vergießt ...

Es kommen noch viele Reisende nach Karthago. Den einen eilt ihr Ruf voraus, die anderen werden nachher berühmt. Aber alle finden Gefallen daran, den Zustand der Ruinen zu beschreiben, ihre Gedanken zu Papier zu bringen, von ihrer Begeisterung oder aber Enttäuschung zu sprechen. Zu ihnen zählen z. B. im 16. Jahrhundert Leon Africanus, der sich lange über den Aquädukt und die Zisternen ausläßt, und im Zeitalter der Romantik Alexandre Dumas, Chateaubriand und letztlich Gustave Flaubert mit seinem Roman Salammbô. Im 20. Jahrhundert spricht schließlich der Lyriker Paul Valéry beim Anblick Karthagos nachdenklich jenen sonderbaren Aphorismus aus: „Laßt die Ruinen in Frieden sterben!"

Marmor für die Kathedralen des Abendlandes

Während El-Bekri noch den Marmorreichtum Karthagos preisen konnte, berichtet Idrisi bereits von großen Plünderungen. Er schreibt, daß „nach der Aufgabe der Anlage von Karthago aus den Trümmern – bis hin zu den Fundamenten der ehemaligen Gebäude – kontinuierlich Marmorblöcke verschiedenster Farbe und Größe herausgeholt wurden. Ein Augenzeuge bestätigt den Abtransport von Marmorblöcken von 30 Fuß Höhe und 7 Fuß Durchmesser. Derartige Plünderungen geschehen immer wieder." Er schließt mit der Bemerkung: „Der Marmor wird in aller Herren Länder exportiert, und alle auslaufenden Schiffe sind voll beladen. Diese Tatsache ist allgemein bekannt ..."

Idrisis Schilderungen entsprechen der Wahrheit. In einer der Hallen der Antoninsthermen findet man Spuren eines Sägewerks, in dem die Schäfte der Granitsäulen in Scheiben geschnitten wurden. In den tunesischen Archiven läßt sich nachweisen, daß der Granit und Marmor aus den Ruinen Karthagos vor allem in das Osmanische Reich und

Der Admiral von Karl V., Andrea Doria, erobert 1535 den Außenhafen von Tunis, La Goulette, und beginnt mit der exzessiven Förderung von karthagischen Marmorblöcken. Einige Steine aus Karthago sollen sogar bis nach Canterbury gelangt sein.

nach Italien exportiert und dort beispielsweise für den Bau der Kathedralen von Pisa und Genua verwendet wurde.

Verstreute Zeugnisse und Sammlungen

Es ist sicherlich nicht verwunderlich, daß man punische, aber auch römische und frühchristliche Objekte aus Karthago in den Staatskanzleien, in den in Tunis im 17. und 18. Jahrhundert eingerichteten Konsulaten und auch im Louvre, der an den französischen Ausgrabungsarbeiten in Tunesien zur Zeit des Protektorats beteiligt war, entdecken kann. Allerdings gibt es andererseits auch Orte, an denen man derartige Funde nicht erwarten würde. Ihre Zahl ist geradezu schwindelerregend. Im Museum von Algier sind Weihinschriften zu Ehren der ägyptischen Göttin Serapis und ein sehr eindrucksvoller Altar

A̲uf diesem Stich aus dem 16. Jahrhundert, der die Eroberung von Tunis durch die Flotte Karls V. darstellt, ist noch die Ruinenstätte von Karthago verzeichnet.

ausgestellt, dessen Reliefs an den Kaiserkult in den Anfängen des römischen Karthago erinnern.

Eine bemerkenswerte Sammlung antiker Kunstwerke, die 1873 zur Weltausstellung nach Wien gebracht wurde, ging in den Besitz eines der dortigen Museen und privater Sammler über, und Oberstleutnant Humbert, ein holländischer Architekt, der nach Tunis gekommen war, um Wasserbauarbeiten zu überwachen, läßt zwischen 1825 und 1827 in Karthago gesammelte Stelen und Votivsockel ins Museum von Leiden bringen. Durch einen merkwürdigen Zufall gerät eine karthagische Inschrift in die Hände eines gewissen Joseph Ashworth: Sie wird nun seit mehr als einem Jahrhundert im Peel Park Museum in Manchester aufbewahrt. Andere Inschriften befinden sich in Treviso, Madrid, Kopenhagen, London, Marseille und Douai. Zwei Sammlungen sind besonders zu erwähnen: Im British Museum in London befindet sich eine schöne Kollektion von Mosaiken mit floralen Mustern, die aus dem Besitz des Archäologen Nathan Davis stammen, und im Museum von Krakau wird eine bedeutende Sammlung punischer Stelen aufbewahrt.

Eine weitere Form der „Fundzerstreuung" wird schließlich nur sehr ungern erwähnt, weil sie absichtlich geschah und auf einen der berühmtesten Archäologen von Karthago, Pater Albert-Louis Delattre, zurückgeht. Unter dessen Federführung, und um angeblich das Budget für die Ausgrabungen aufzustocken, wurden im Lavigerie-Museum in Karthago lange Zeit zahlreiche Gegenstände, die man für nicht besonders außergewöhnlich hielt (wie Lampen, Tongefäße und Münzen), zum Verkauf angeboten!

Man könnte die dadurch erlittenen Verluste des karthagischen und damit auch tunesischen Erbes sicherlich noch lange beklagen, doch sind sie nichts im Vergleich zur Katastrophe des Jahres 1867. Damals wurde ein Frachtschiff, beladen mit mehreren hundert für den Louvre bestimmten Grabstelen, vor der Küste von Toulon vom Meer verschlungen.

Gleichwohl trugen die Attraktion der Stadt und seiner Kunstschätze entscheidend dazu bei, daß im Europa griechisch-römischer Tradition die Idee einer „karthagischen Archäologie" geboren wurde.

Nach zehnjähriger Tätigkeit innerhalb der holländischen Mission, die mit dem Bau eines Kanals zwischen Tunis und La Goulette beauftragt worden war, bleibt Humbert als Ingenieur des Begs von Tunesien im Lande. Er leitet Ausgrabungen in Karthago und stößt um 1828 auf zahlreiche Grabstelen (linke Seite).

Wem gehören die Ruinen von Karthago?

Mit der Renaissance und der Wiederbelebung humanistischer Werte beginnt das abendländische Europa, sich auf das Erbe der europäischen Antike zu besinnen. Im Vordergrund stehen zunächst die philosophischen, historischen und literarischen Quellen, doch bald begibt man sich auf die Suche nach den Spuren der Vergangenheit. Mit der Entdeckung Pompejis im 18. Jahrhundert wird eine neue Wissenschaft ins Leben gerufen: die Archäologie.

Seitdem tragen die bei Ausgrabungen gewonnenen Erkenntnisse entscheidend zur Erforschung der alten Kulturen bei.

Heute ist es unerläßlich und allgemein üblich geworden, die historische Überlieferung (literarische Quellen, Kirchendokumente, alte Karten und Routenbeschreibungen) mit den an den Ausgrabungsstätten gesammelten Erkenntnissen (Bau- und Kunstwerke, Gerätschaften des Alltags …) zu vergleichen.

Pater Delattre, der 1875 nach Karthago gekommen war, bleibt dieser Stadt bis zu seinem Tode im Jahre 1932 eng verbunden. Als Oberhaupt der Gemeinschaft der „Pères Blancs" legt er den Grundstein zu einer archäologischen Sammlung, die 1881 schon 6347 verschiedene Einzelstücke umfaßt.

Von diesen Entwicklungen bleibt man unter der Regentschaft von Tunis, einer Stätte arabischer Kultur und islamischen Glaubens, unberührt. Das Fürstentum, das im 18. Jahrhundert formell zum Osmanischen Reich gehört, versteht es nicht, die Bedeutung Karthagos angemessen zu würdigen. Die Bewahrung der Erinnerung an die ruhmreiche Geschichte Karthagos stellt so vor allem eine Leistung der europäischen Kultur dar. Lehrer, Gelehrte und Schriftsteller außerhalb Afrikas verwalten diesen Nachlaß.

Sicherlich hieß und heißt auch heute noch ein Stadttor von Tunis, das den Blick auf die karthagische Halbinsel freigibt, „Bab Qartagenna" (Tor von Karthago). Und sicherlich wird auch der eine oder andere Gebildete die Beschreibungen der arabischen Geographen El-Bekri und Idrisi gelesen oder die Elegie rezitiert haben, die Sidi Mahrez den Ruinen von Karthago widmete. Doch nirgends finden

Das große Interesse für die Antike und das Ansehen Karthagos im Abendland können allerdings die verheerenden Folgen europäischer Expeditionen nicht verhindern. Der tunesische Historiker Al-Kaïrouani berichtet kurz nach der Expedition von Don Juan d'Austria unter dem spanischen König Philipp II. (1527–1598), daß „die Christen die Aquädukte von Karthago zerstörten, um Material für den Bau des Forts von La Goulette zu gewinnen".

In seiner umfassenden *Universalchronik* stützt sich der Historiker Ibn Khaldoun (1332–1406) auf die Schriften des Paulus Orosius, eines Schülers des heiligen Augustinus. Aber seine Erkenntnisse machen – im wahrsten Sinne des Wortes – keine Schule. Die alte Geschichte und die Erinnerungen an Karthago sind in Tunesien, das 1574 zu einer Provinz des Osmanischen Reichs wird, bald nicht mehr populär.

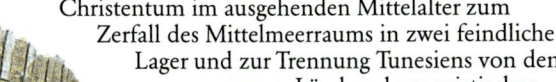

sich Anhaltspunkte dafür, daß man die Geschichte Karthagos für einen bedeutenden Teil der eigenen Geschichte hält. Schließlich führen die Konflikte zwischen Islam und Christentum im ausgehenden Mittelalter zum Zerfall des Mittelmeerraums in zwei feindliche Lager und zur Trennung Tunesiens von den Ländern humanistischer Prägung. Und obwohl sich das Land von Kairuan und Tunis im Kampf um die Wahrung des antiken Erbes leidlich behauptet und gleichzeitig von den arabisch-muslimischen Einflüssen profitiert, kommt es zwischen dem 12. und 13. Jahrhundert zum endgültigen Bruch.

Mit den Marmorblöcken der einstmals prächtigen Bauten von Karthago verschwinden auch die mit ihnen verbundenen Eindrücke. Bald existiert Karthago nicht einmal mehr in der Erinnerung.

Von dieser Zeit an ist von den alten Griechen und Römern keine Rede mehr, denn keiner kann sich mit den Spuren der Antike identifizieren. Niemand liest mehr lateinische oder gar punische Texte, auch die schriftlichen Zeugnisse versteht schließlich niemand mehr zu deuten. So wird klar, warum die Aufarbeitung der Vergangenheit der punischen Metropole anfangs nicht in tunesischen Händen liegt und die archäologische Forschung in Karthago ihren Ursprung der Initiative Europas und vor allem Frankreichs verdankt. Erst nach der Gründung der Tunesischen Republik 1957 formierte sich in Karthago eine Gruppe von tunesischen Archäologen, die dafür sorgte, daß die sagenumwobene Stadt Hannibals den ihr in der tunesischen Geschichte gebührenden Platz wieder einnahm ...

Diese heilsame und endgültige Erkenntnis stellte allerdings den allgemein anerkannten universalen Charakter des karthagischen Erbes keineswegs in Frage. Es war daher logisch, daß man angesichts der großen Bedrohung der antiken Stätte durch die Ausdehnung der Hauptstadt Tunis die UNESCO um Hilfe ersuchte.

Das von der UNESCO seit 1974 geförderte Programm zählt zu den erfolgreichsten Ausgrabungen der Gegenwart.

Qart Hadasht verdankt dieser „Internationalen Rettungskampagne" zahllose materielle Zeugnisse, vor allem aber Klarheit über ihren städtischen Aufbau. Die im Rahmen der Kampagne gewonnenen Erkenntnisse ermöglichen eine genaue Analyse der topographischen Entwicklung der Stadt und ihrer Nekropolen. Vor allem aber beginnt man, anhand der Keramiken und der Erzeugnisse von Kunst und Handwerk (Schmuck, Elfenbeinschnitzereien, Amulette), die Macht und den Reichtum Karthagos zu ermessen. Deutlich werden auch der weite Horizont und die vielschichtigen Beziehungen der Stadt zu Partnern im gesamten Mittelmeerraum. Trotz allem, die Stadt bleibt über Sprache und Religion, kulturelle Sitten und

Die karthagische Geschichtsforschung und auch das Museum von Karthago haben von der Unterstützung durch die UNESCO-Kampagne stark profitiert. Zu den reizvollsten Funden zählen diese wunderschönen punischen Glasköpfchen. Schon Pater Delattre war 1898 bei Ausgrabungen auf derartige Meisterwerke karthagischer Handwerker gestoßen.

„Das Vorhaben, auf dem Areal des antiken Karthago einen ‚Nationalpark' zu errichten, zeigt unseren großen Respekt vor dieser Stätte."
Zine El Abidine Ben Ali, Staatsoberhaupt der Tunesischen Republik, März 1992

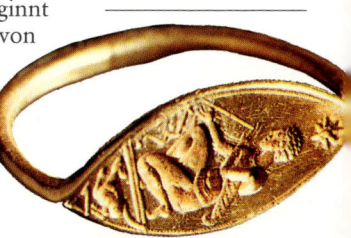

„Der damalige General-
direktor der UNESCO,
René Maheu, appellierte
am 19. Mai 1972 an die

internationale Gemein-
schaft, Tunesien zu
unterstützen und einen
Beitrag zur Rettung
eines Teils des Welterbes
zu leisten. Archäologen-
gruppen aus zehn Län-
dern mit insgesamt mehr
als 600 Spezialisten
haben seit diesem Auf-
ruf für die Aufklärung
der Geschichte und
Kultur von Karthago
gearbeitet. (…) Cato
ist endlich verstummt,
die historische Stätte
ist gerettet. Karthago
muß auch weiterhin
geschützt werden."

Federico Mayor,
Generaldirektor der
UNESCO, März 1992

kultische Bräuche eng mit dem phönizischen Osten verbunden. Zugleich nimmt aber auch das Bild von einer
„neuen Stadt" konkrete Züge an. Man gesteht ihr eine
eigene Identität zu; der von ihr hervorgebrachten Kultur
fehlt es durchaus nicht an Originalität.

Allerdings sind diese Erkenntnisse sehr neu, nicht
oder gerade erst veröffentlicht. Sie ändern noch nichts an
der Sichtweise, Einschätzung und Mentalität gegenüber
karthagischen Fragen. Denn jedermann – nicht nur die
gebildete Öffentlichkeit – bleibt einer tausend Jahre alten
Überlieferung unterworfen, die die Geschichte Karthagos
als ein Kapitel der Geschichte Roms betrachtet und das
Schicksal der Stadt nur aus der Perspektive der Punischen
Kriege versteht. So gilt es in Zukunft, ein neues Verhältnis
zur Geschichte der phönizischen Siedlung zu entwickeln.

DRITTES KAPITEL

DIE ENTDECKUNG DER PUNISCHEN METROPOLE

Nach Abschluß seiner „Reise von Paris nach Jerusalem" besucht Chateaubriand 1807 die Ruinen von Karthago. Er ist sehr enttäuscht, ja beginnt sogar, an der Identität der Stätte zu zweifeln. Tatsächlich hat die Frage nach der genauen Lage der Stadt Hannibals lange Zeit Anlaß zu heftigen Diskussionen gegeben, und noch heute gibt es bei der Lokalisierung einiger Bauten zahlreiche ungeklärte Fragen.

„Wir warfen den Anker vor jenen Ruinen, die so unscheinbar waren, daß sie sich kaum vom Boden abhoben, der sie trug. Das war Karthago."
Chateaubriand

Carthage a ap oMté a

Wo liegt die Stadt Hannibals?

Die Lage der Stadt Hannibals ist lange Zeit heftig umstritten. Im vergangenen Jahrhundert wird sogar behauptet, die punische Metropole befände sich „in Bougie-Bejaia (an

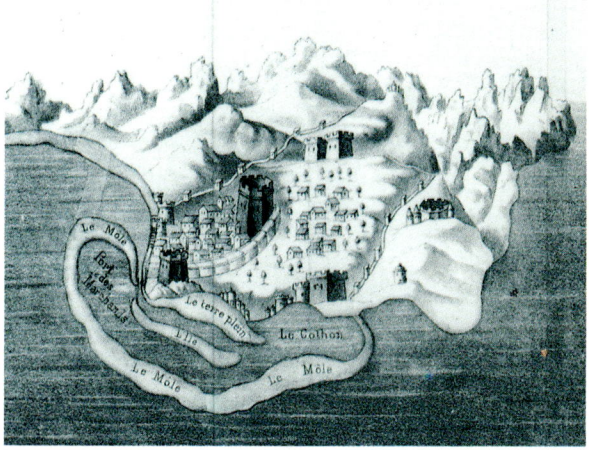

der Ostküste Algeriens), also 100 Meilen von der Stelle entfernt, an der man sie bisher ansiedelte". 1864 hat der Urheber dieser These, A. Rabusson, diese Position noch in einer Mitteilung an die ehrbare Pariser Akademie für Inschriften und Schöne Literatur verteidigen dürfen. Wie zu erwarten, ist eine derartige Behauptung, die uns inzwischen als völlig aus der Luft gegriffen erscheint, heute ganz in Vergessenheit geraten. Doch noch 1901 muß sich der französische Historiker Auguste Audollent mit Rabussons Thesen im Rahmen seiner auch heute noch wertvollen Doktorarbeit *Carthage romaine* (Das römische Karthago) auseinandersetzen. Sein Urteil läßt allerdings keinen Zweifel an der Unseriosität derartiger Vorstellungen aufkommen. Rabussons Ansichten sind um so unverständlicher, als er sein Buch ungefähr 30 Jahre nach dem Erscheinen eines grund-

„Die Auffassung Rabussons zu bekämpfen, hieße, ihm zuviel Ehre zu erweisen, und es genügt, derartige Hirngespinste zu zitieren, um ihnen gerecht zu werden. Wenn sich der Autor die Mühe gemacht hätte, Polybios zu lesen, hätte er erfahren, daß sich Karthago zwischen Utica und Tunis befindet; Appian hätte ihm gezeigt, daß die Stadt am äußersten Ende eines breiten Golfes liegt; und Strabons Bild von diesem Golf und seinen Küsten sowie die Angaben von Plinius hätten ihn schließlich restlos überzeugt. Bougie entspricht in keiner Weise diesen Beschreibungen."

Auguste Audollent

legenden Werkes verfaßt hat: den „Recherches sur l'emplacement de Carthage" (Studien über den Standort Karthagos) des dänischen Generalkonsuls von Tunis, C.T. Falbe. Seine Studie, die auf einer elfjährigen genauen Erkundung des Areals, einem umfassenden Ortsbefund und einer Zusammenstellung wesentlicher Punkte beruht, wird durch eine archäologisch-topographische Karte im Folioformat mit dem Titel „Plan der Ruinen Karthagos" vervollständigt.

Aber auch Falbes außerordentlich gewissenhafte Arbeit kann weiteren abenteuerlichen Theorien keinen Riegel vorschieben. Auf Rabusson folgt der französische Ingenieur Daux, der von Napoleon III. mit der Erforschung der archäologischen Spuren in Tunesien beauftragt wird. Die Mutmaßungen, die Daux während seines Aufenthalts (1865 – 1867) über Karthago anstellt und bald auch

Die jüngsten Untersuchungen in Karthago haben noch einmal gezeigt, mit welcher Exaktheit der dänische Konsul C.T. Falbe bereits in der ersten Hälfte des 19. Jahrhunderts seine topographischen Befunde ermittelte und dokumentierte.

veröffentlicht, sind schlichtweg eine Ausgeburt seiner Phantasie.

Die Bewertung seiner Ideen durch die Wissenschaftler Ernest Babelon und Salomon Reinach, die sich schon in den Anfangsjahren des französischen Protektorats mit karthagischen Studien beschäftigen, ist eindeutig: Sie halten die Untersuchungen des Ingenieurs für „romanhafte Lagebeschreibungen".

Auf der Suche nach den punischen Siedlungen

Zu Ende des 19. Jahrhunderts versucht man endlich, der Scharlatanerie Einhalt zu gebieten und der Wahrheit über Karthago auf die Spur zu kommen. Im Zentrum des Interesses stehen nun die Sicherung der Substanz und die wissenschaftliche Erforschung der Ruinen Karthagos. Diesen Aufgaben dienen die Einführung einer strengen Gesetzgebung zum Schutz der Ruinenstätte und die Gründung eines „Amtes für tunesische Altertümer und Kunstobjekte" im Jahr 1884, an dem sich herausragende und noch heute anerkannte Archäologen, wie Paul Gauckler, Alfred Merlin und Louis Poinssot durch regelmäßig angesetzte Ausgrabungen profilieren können. Aber sonderbarerweise scheinen während dieser Zeit die Aussichten, auf punische Reste stoßen zu können, mit zunehmenden Funden und Erkenntnissen zu schwinden: Die freigelegten Baudenkmäler stammen im wesentlichen aus der Zeit des römischen Imperiums.

Von 1880 bis 1920 bringt die Spitzhacke der Archäologen vom punischen Karthago nur verschiedenartige Gräber zutage: Schachtgräber, Grubenbestattungen und gebaute Kammergräber. Da man von der Küstenebene bis zum Fuße des Juno- und des Byrsa-Hügels unter der modernen Oberfläche überall nur auf derartige Begräbnisstätten stößt, glaubt man, daß von der Metropole allenfalls eine „Stadt der Toten" übriggeblieben ist und daß man die Hoffnung aufgeben muß, Spuren von Wohnhäusern entdecken zu können …

Ernest Babelon (unten und linke Seite) rührt für Karthago bei Wissenschaftlern und der breiten Öffentlichkeit gleichermaßen kräftig die Werbetrommel. 1896 veröffentlicht er einen Touristenführer.

Jüngste Funde übertreffen die kühnsten Erwartungen der Archäologen.

Von dem Plateau aus, auf dem sich das Museum von Karthago und die von Kardinal Lavigerie errichtete Kathedrale befinden, kann man heute an der Südseite des Hanges ein ganzes Viertel mit punischen Häusern besichtigen, deren Anordnung der natürlichen Steigung des Geländes angepaßt ist.

Die ehrenamtlichen Tätigkeiten einiger Wissenschaftler (allen voran die Arbeit des Historikers und Epigraphikers Charles Saumagne in der ersten Hälfte des 20. Jahrhunderts) haben zur Rettung der Ruinen von Karthago und zur Aufklärung seiner Vergangenheit einen mindestens ebenso wertvollen Beitrag geliefert wie die Aktivitäten von offizieller Seite.

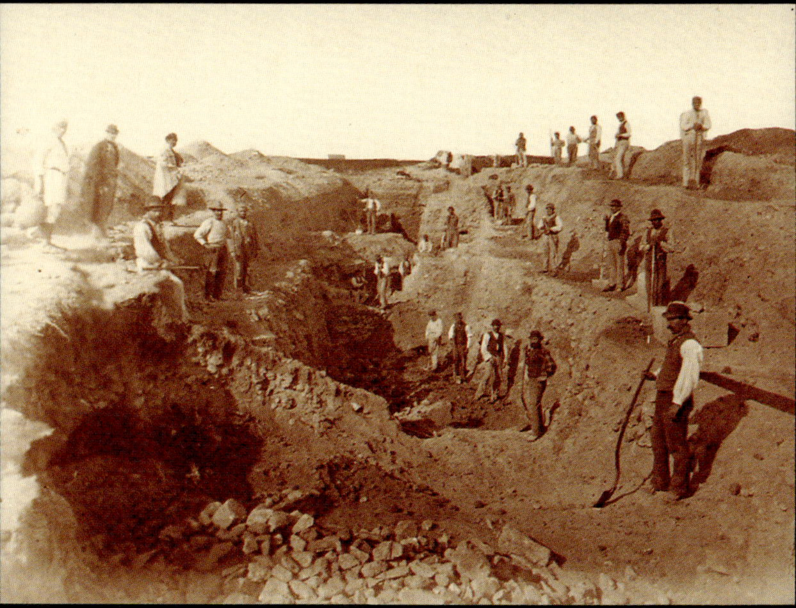

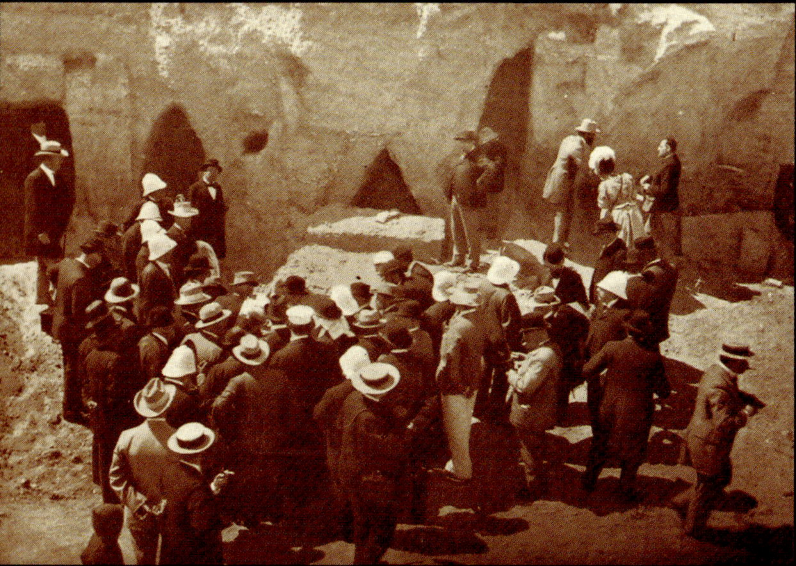

We.4

Die Stadt der Toten

„Ich habe die Gräber von Karthago erforscht. Viele habe ich besichtigt, einige ausgegraben. Ich hoffte auf Hinweise bezüglich der Architektur und der Sitten der Karthager zu stoßen, denn es ist ja allgemein bekannt, mit welcher Sorgfalt die Völker der Antike ihre Friedhöfe, also die Stadt der Toten, schmückten. Meine Erwartungen wurden nicht enttäuscht."

Charles-Ernest Beulé

Ondja ferma ou des colliers : bleu : debris examplaire   ante. bleu lapis ...

Cynocéphale debout

Perle quadrangulaire de ✳ lapis ... lazuli

Hippopotaine. Émail en haut

Scarabée tout petit lapis bleu

Disque un percé turquoise : un placé lapis : imitations ⊙ ◑

4 Perle en bronze ☿ côté de glace

Bélier avec deux cornes

grand scille d'onyx

Ivoire ou os

Côtes percés pendans d'ivoire ou d'ivoire   6 pareils

h. 0.02 D. 0.028

Un grand Couteau

... petite lorgn..

... palmette ◖ 15

... 13

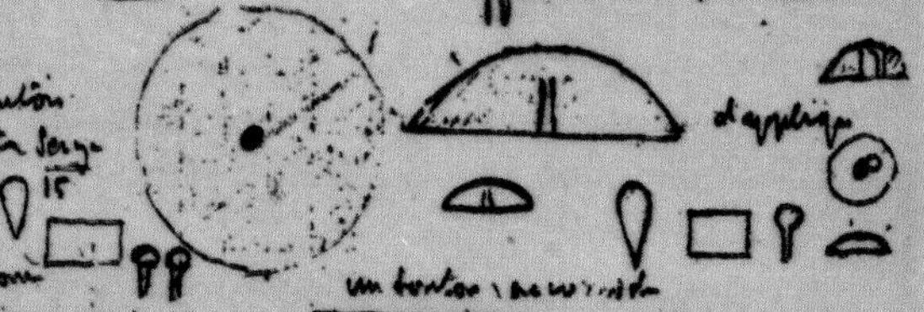

... petit clou ivoire

Cylindre à pain : pierre noir

Disque pierre noir percé grand

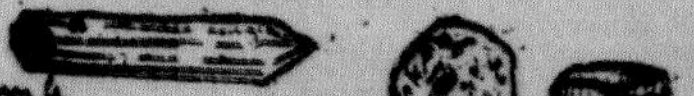

Idem pierre noir : autre tenui ivoire.

Deux perles ...

Olive allongé et medailles onyx noir bleu

Perle corail

Olive ... pâle

4 Grande perle pâte ... vertes ou ...

Épingle en argent : Idem en fer

Petit scarabée tombeau Boulaq 170   Sortie en verre ⟶

Deux personnages debout peu gravé

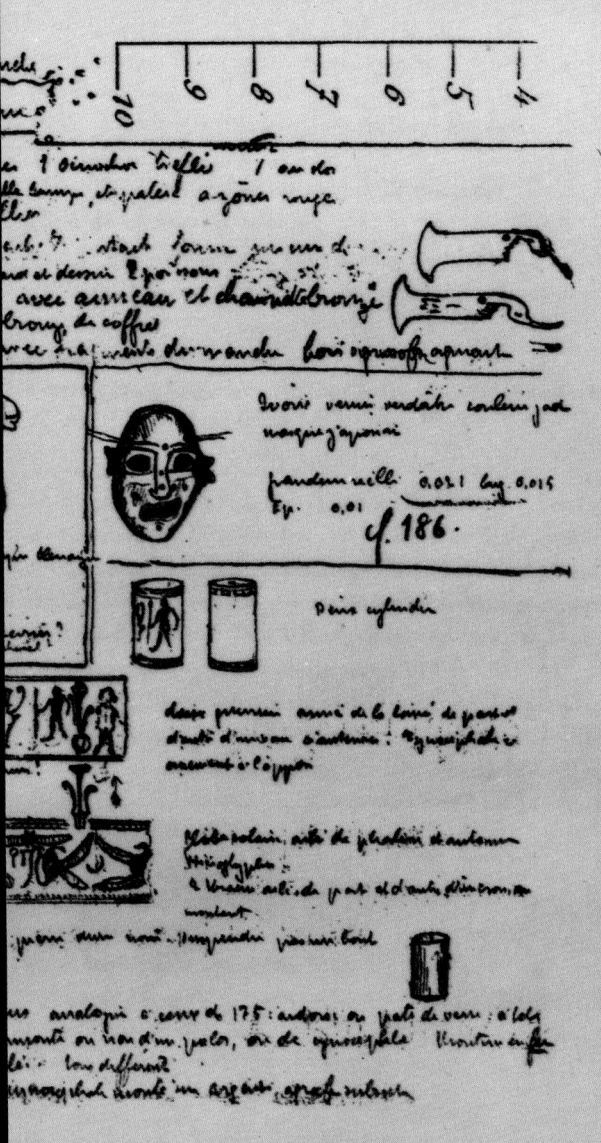

Tatsächlich kann man mehrere Häuserblöcke erkennen, die von 6 – 7 m breiten, rechtwinklig angeordneten Straßen begrenzt werden. Die breiteste dieser Straßen besitzt durch ihre Treppen und den kleinen Platz in Kreuzungsnähe „monumentalen" Charakter. Jeder Häuserblock besteht aus mehreren Einzelhäusern, die um einen Innenhof angeordnet sind. Ein Gang, den man von der Straße aus durch eine Tür betritt, führt in diesen Hof, der als

Bei jüngeren Ausgrabungen hat man vor allem die Vielfalt der punischen *Pavimente* feststellen können. Nach Ansicht des tunesischen Archäologen Fethi Chelbi, der als Fachmann für karthagische Keramik gilt, kommt die punische Mosaikkunst in Form von geometrischen *Tessellaekompositionen* im 4. Jahrhundert v. Chr. auf.

Luft- und Lichtschacht dient und von den Innenräumen begrenzt wird. Durch ihn werden Nebenzimmer, ein Wasch- und ein Empfangsraum erschlossen. Das Fehlen von Schlafräumen, die auffällige Mächtigkeit der tragenden Wände und die von den Archäologen bei den Ausgrabungen in großer Zahl gefundenen Trümmer weisen darauf hin, daß es mehrere Stockwerke gegeben haben muß, die über Holztreppen zugänglich waren.

Dank der mustergültigen Ausgrabungsarbeit der französischen Archäologen in diesem Stadtviertel kann sich der Besucher auch eine genauere Vorstellung vom „punischen Mosaik" machen.

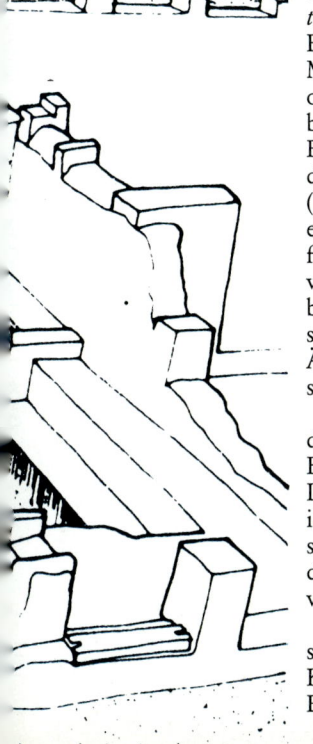

Bei diesem besonderen Bodenbelag, den die Römer *pavimentum punicum* nennen, wird ein Estrichboden durch eingelassene Marmorsplitter, farbige Steine oder häufig auch Tonfragmente belebt. Die Typologie dieser Bodenbeläge und die Datierung der archäologischen Funde (Keramik, Münzen) ermöglichen eine zeitliche Gliederung, die für die Errichtung des Wohnviertels mehrere Bauabschnitte belegt. Sie fallen in die Zeit zwischen dem Ende der Hannibal-Ära (202 v. Chr.) und der Zerstörung Karthagos (146 v. Chr.).

Die Wiederentdeckung dieser Häuser liefert einen Beweis für die unerschütterliche Lebenskraft dieser Stadt und ihren wirtschaftlichen Wohlstand, trotz der harten Auflagen des römischen Friedensvertrags von 202 v. Chr.

Einem glücklichen Umstand verdankt die UNESCO-Kampagne ihr spektakulärstes Ergebnis: Der Ausgrabung

Von besonderer Bedeutung für den Gesamtplan der punischen Stadt ist diese sogenannte „städtebauliche Inschrift" (oben). Trotz auseinandergehender Interpretationen bestätigt sie die Annahme, daß es in der punischen Metropole einst eine Unterstadt gegeben hat, denn im Text ist von einer „Ebene der Stadt" die Rede. Bei dem Bauwerk, von dem die Inschrift stammt, dürfte es sich entweder um den Eingang zu einer neuen Straße oder um ein neues Tor in der Stadtmauer gehandelt haben, dessen Errichtung vermutlich im 3. Jahrhundert v. Chr. erfolgte. Dem Text nach wurde die Ausführung einem Baumeister, einem „Brücken- und Straßeningenieur" sowie einem Steinbrucharbeiter übertragen, die ihre Entlohnung ganz oder teilweise von den Zünften und Körperschaften erhielten.

der spätpunischen Wohnsiedlung kann die Entdeckung
eines Wohnquartiers aus der archaischen, der frühpuni-
schen Zeit an die Seite gestellt werden. Tatsächlich ist
die Delegation des Deutschen Archäologischen Instituts
bei ihren Ausgrabungen an der Küstenebene in
unmittelbarer Nähe des ehemaligen Beg-
Palastes auf Reste einer Siedlung aus
dem 8. Jahrhundert v. Chr. gestoßen. Diese Siedlung konnte
auch durch die Grabung der
Universität Hamburg bestätigt
werden, bei der westlich
davon einige Häuser
des 8. bis 6. Jahr-
hunderts v. Chr.
freigelegt
wurden.

Es handelt sich um rechtwinklige,
parallel zur Küstenlinie verlaufende
Bebauungseinheiten.
    Allerdings liefert die Entdeckung
dieser archaischen Wohnsiedlung noch nicht
die archäologische Bestätigung des konventio-
nellen Gründungsjahres von Karthago: 814 v. Chr.
    Durchgängige Bebauung, städtische Strukturen und
handwerkliche Tätigkeiten gehören zu den Merkmalen
dieser Siedlung, die zeigen, daß es sich von Anfang an um
eine Stadt handelt und nicht um eine einfache Handels-

Als eine der bedeu-
tendsten Entdek-
kungen bei den deut-
schen Ausgrabungen im
„Magonidenviertel" gilt
die karthagische See-
mauer (unten), in deren
Schutz eine parallel zur
Küstenlinie verlaufende
punische Villensied-
lung (5.–2. Jahrhundert
v. Chr.) entstand.

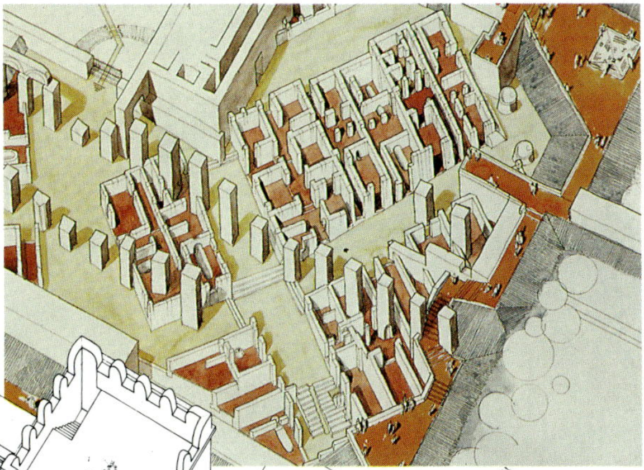

Französische Archäologen machen auf dem Byrsa-Hügel eine andere wichtige Entdeckung: Die Anpassung der Siedlung an die Gegebenheiten des Geländes und vor allem die Bestätigung des punischen Charakters der freigelegten Wohnblöcke zeigen, daß es sich um das Ergebnis einer durchdachten Städteplanung handelt. Nach Ansicht des Archäologen Serge Lancel stammen diese punischen Häuser (links) aus der zweiten Hälfte des letzten Jahrhunderts von Karthago.

niederlassung. Daß diese Stadt schon damals an das Handelsnetz im Mittelmeerraum angeschlossen ist, belegen die bei den Ausgrabungen entdeckten Keramiken und Amphoren.

Angesehene Händler und wagemutige Segler

Tatsächlich beruht die Machtposition Karthagos auf der „Seeherrschaft", die es im westlichen Mittelmeerraum aufbauen kann. Goldbleche mit punischen und etruskischen Inschriften aus der Zeit um 500 v. Chr., die man 1963 in Pyrgi am Hafen von Caere (heute Cerveteri) entdeckt hat, bestätigen die Präsenz karthagischer Händler im Tyrrhenischen Meer.

Ein gut strukturiertes Städtebaukonzept

„Die Grundrisse der Parzellen, die sich oft wiederholen, relativ klein, aber gut durchdacht sind, scheinen auf die Bedürfnisse einer homogenen Bevölkerungsgruppe zugeschnitten zu sein. Es könnte sich um Behausungen für Angehörige der Beamten-, Offiziers- oder Priesterschicht handeln."

Serge Lancel

Etwas später siedelt die Überlieferung den berühmten „Periplus des Hanno" an, dessen Schiffsreise entlang der afrikanischen Atlantikküste noch heute kaum vorstellbar ist und immer wieder zu kontroversen Beurteilungen geführt hat. Die Fahrten führen aber auch nach Norden. Kapitän Himilkon passiert die „Säulen des Herakles" und segelt entlang der Westküste Europas bis zu den zinnreichen Gebieten Südwestenglands, vielleicht bis in die Nordsee.

Um seine Seemacht zu behaupten, aber auch um solche abenteuerlichen Reisen unternehmen zu können, benötigt Karthago eine große Flotte und ... einen Heimathafen.

Streit um zwei Lagunen: Wo befinden sich die Häfen von Karthago?

Dank der Beschreibung des griechischen Historikers Appian (2. Jahrhundert n. Chr.) besitzen wir recht genaue Vorstellungen vom Aussehen und der Organisation der karthagischen Häfen: „Die beiden Häfen waren miteinander verbunden und von der Seite aus über eine 60 Fuß breite Fahrrinne zugänglich, die man durch Eisenketten verschließen konnte. Das erste Hafenbecken war für die Handelsschiffe bestimmt und besaß zahlreiche verschiedene Ankerplätze. In der Mitte des inneren Hafenbeckens befand sich eine Insel. Sowohl die Insel als auch das Hafenbecken waren von großen Schiffshäusern umgeben. Diese Schiffshäuser besaßen Rampen für insgesamt 220 Schiffe und Lagerräume für das Takelwerk der Trieren. Jede Rampe wurde an der Einfahrt von zwei ionischen Säulen begrenzt, wodurch das Hafenbecken und die Insel wie Säulengänge wirkten. Auf der Insel befand sich ein Pavillon für den Nauarchen (Admiral), der zusammen mit der Wache vom Dienst von hier aus die Schiffe kontrollierte." Appian führt weiter aus, daß der Kriegshafen mit dem Handelshafen verbunden, aber zugleich durch eine doppelte Mauer von ihm getrennt war. Zusätzlich gab es einen Vorhafen, eine Art Plattform im Meer und eine große Mole.

Reisende, die nach Karthago gelangten, haben immer wieder versucht, einen Bezug zwischen den Angaben Appians und der Form der beiden Lagunen herzustellen, die sich in der Nähe der Bucht von Le Kram über den südlichen Küstenstreifen der Stadt erstrecken.

Eine Anekdote besagt, daß Chateaubriand angeblich nicht die Zeit gefunden hätte, Karthago zu besichtigen.

Unter diesen Reisenden erhebt Chateaubriand für sich den Anspruch, als erster am 8. und 9. März 1807 die Lage der Häfen der punischen Hauptstadt entdeckt zu haben. Im Vorwort zu seinem Reisetagebuch schreibt er: „Und selbst wenn ich nur eine detaillierte Beschreibung der Ruinen von Sparta gegeben hätte, so würde ich schon allein für die Entdeckung der Häfen von Karthago das Wohlwollen der Reisenden verdienen."

Seiner Ansicht nach muß das runde Becken an der Küste „der innere Hafen von Karthago sein". Aber diese Ansicht teilen nicht alle, und die Konfrontation zwischen den geschichtlichen Angaben (im wesentlichen die Beschreibung von Appian) und den (vor allem bei den Unterwasserforschungen in der Nähe der Lagunen gewonnenen) archäologischen Erkenntnissen lieferte mehr als ein Jahrhundert lang Stoff für heftige Auseinandersetzungen.

So veröffentlicht der französische Archäologe Pierre Cintas, ein ausgezeichneter Kenner der Anlage, noch im Vorfeld der UNESCO-Kampagne vorab ein Kapitel seines

„Die Ausgrabungen zwischen 1975 und 1980 haben endgültig bestätigt, daß sich an der Stelle der rechteckigen, seichten Lagune bei Salammbô der von Appian beschriebene Handelshafen befand. (…) Der ursprüngliche Hafen bestand aus einem künstlichen Becken, das von einer Seemauer aus massiven Sandsteinblöcken von El Haouaria umgeben war. Diese Mauer verlief in fast 50 m Entfernung parallel zum westlichen Ufer der heutigen Lagune. Ihre tiefsten Fundamente waren ohne hydraulischen Mörtel unter Wasser errichtet worden."

Lawrence E. Stager

„Manuel d'archéologie punique" (Handbuch der punischen Archäologie) unter dem Titel „Le Port de Carthage"
(Der Hafen von Karthago). Darin behauptet er, daß man
es nicht zulassen könne, daß der „Hafen weiterhin an der
Stelle angesiedelt werde, wo man ihn bisher vermutete".
Und er fügt hinzu, „daß es ganz und gar unmöglich wäre,
unter größtem Aufwand Ausgrabungen anzustrengen,
die schon von vornherein zum Scheitern verurteilt wären,
da sie nicht genügend neue Erkenntnisse zur Lösung der
Frage bringen würden".

Doch schon 1974 ermöglichen die Ausgrabungen
einige gesicherte Lagebeschreibungen. Die britischen
Archäologen weisen eindeutig nach, daß es sich bei der
kreisförmigen Lagune um die Überreste des Kriegshafens
von Karthago handelt, der eine zentrale Insel und einen
äußeren Ring umfaßte. Auf dieser Insel, die man üblicher-
weise als „Admiralitätsinsel" bezeichnet, befand sich vermutlich der von Appian erwähnte Pavillon des Flotten-
chefs. Trotz des schwierigen Geländes gelingt es, die Fundamente der Kais und vor allem die Rampen zu einer
Reihe von Trockendocks zu identifizieren. Mit 165 oder
170 Schiffsrampen – wovon sich 30 auf der Insel und
135 – 140 in fächerförmiger Anordnung auf dem äußeren
Ring befanden – konnte der Kriegshafen von Karthago
vermutlich eine Flotte von 170 – 180 Schiffen aufnehmen.

Bedeutende Fort-
schritte bei der Er-
forschung der punischen
Schiffsbaukunst ermög-
lichen Funde wie das
Kriegsschiffwrack von
Marsala in Westsizilien
(oben), bei dem auch
Teile der Bordküche
erhalten blieben. Es
sank während der letz-
ten Seeschlacht im
Ersten Punischen Krieg.

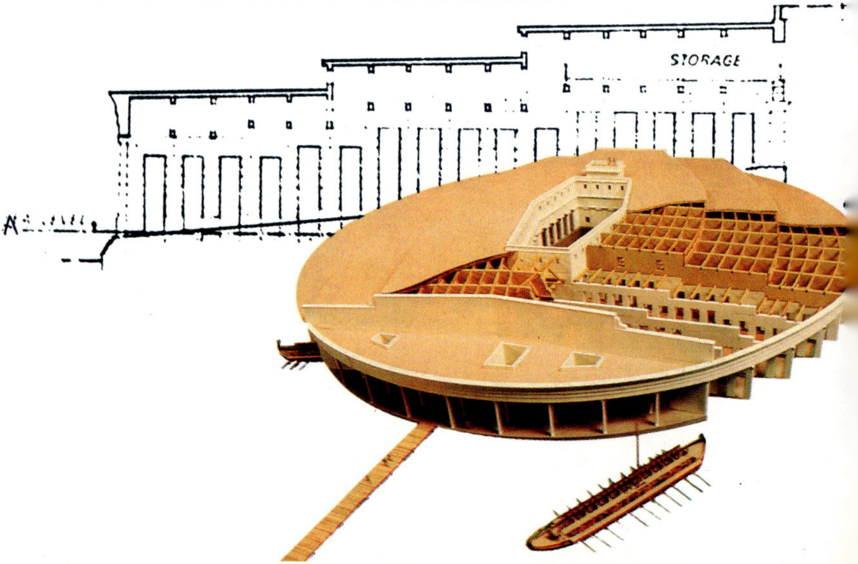

„Die Ausgrabungen der britischen Mission auf der Admiralitätsinsel unter der Leitung von Henry Hurst mündeten in den Versuch, die Architektur der Schiffshäuser im Modell zu rekonstruieren (links unten): „Wenn die Angaben von Appian exakt sind – wovon man ausgehen kann, da sich alle seine Angaben, die von der archäologischen Forschung überprüft werden konnten, als richtig herausstellten – konnten einige der Schiffshäuser, vor allem die außergewöhnlich langen auf der Insel, vermutlich zwei Schiffe hintereinander aufnehmen."

Henry Hurst

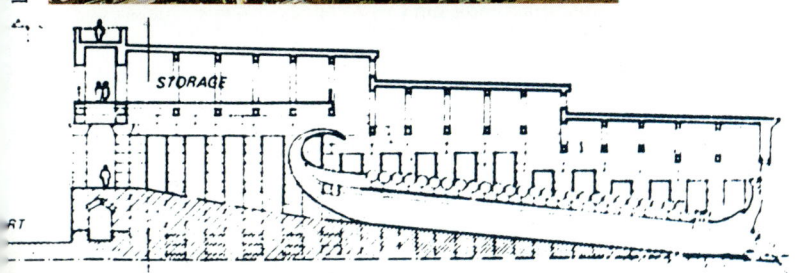

STORAGE

Eine beeindruckende Kriegsflotte

Das kürzlich unweit von Marsala an der Westküste Siziliens entdeckte Wrack gehörte zur karthagischen Kriegsflotte des 3. Jahrhunderts v. Chr. Die erhaltenen Schiffsreste liefern nicht nur wertvolle technische Informationen über die Arbeitsweise der Zimmerleute, sondern auch über die punische Kriegstechnik, denn zur Ausstattung des Schiffes gehörte ein Rammsporn.

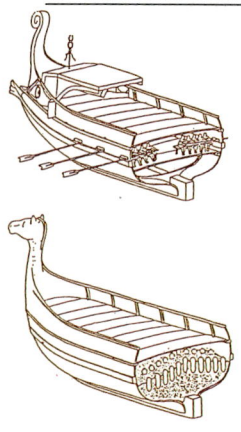

Derartige Rammsporne erscheinen im selben Jahrhundert auch bei Darstellungen von Kriegsschiffen auf punischen Münzen Spaniens und auf einigen Stelen Karthagos.

Nach allem kann man heute aufgrund der Schilderung der Kriege zwischen Rom und Karthago die Umrisse des Hafengeländes von Karthago, zumindest für die Zeit des Dritten Punischen Krieges (149–146 v. Chr.), recht exakt rekonstruieren. Zusätzlich illustriert ein kleines Museum, das auf Initiative der britischen Archäologen vor Ort errichtet werden konnte, die Ergebnisse ihrer Ausgrabungen im Kriegshafen.

Die Machtposition Karthagos beruht auf der Mobilität und Bewegungsfreiheit seiner Handelsmarine.

Nach Ansicht der Marinehistoriker muß die karthagische Handelsflotte trotz der Fortschritte im Bereich der Segelschiffahrt lange Zeit hauptsächlich aus Ruderschiffen bestanden haben.

Wie die Ausgrabungen der britischen und amerikanischen Forschergruppen im Rahmen der UNESCO-Kampagne gezeigt haben, besaß diese Handelsflotte einen eigenen Hafen: ein rechteckiges, ungefähr sieben Hektar großes Becken, dessen Lage im Gelände heute durch eine längliche Lagune markiert wird. Die Längsachse des Hafenbeckens verlief parallel zur Küste bzw. zur Seemauer und war mit dem Kriegshafen über einen Kanal verbunden. Aufs offene Meer führte eine Fahrrinne, an derem windgeschützten Ende sich eine heute größtenteils unter Wasser liegende Plattform mit Kais und verschiedenen Hallen für Reisende und Handelswaren befand.

So ließ sich durch die Ausgrabungen eine nahezu perfekte Übereinstimmung zwischen historischer Überlie-

Die karthagische Kriegsflotte bestand aus Trieren (von den Phöniziern entwickelte Schiffe mit drei übereinanderliegenden Ruderreihen), Quadriremen und Quinqueremen, richtigen Schlachtschiffen mit zwei übereinanderliegenden Ruderbänken, die eine für zwei Ruderer pro Riemen, die andere für drei Ruderer.

ferung und den erhaltenen archäologischen Befunden vor Ort nachweisen. Allerdings verbinden sich mit den Häfen immer noch wichtige Fragestellungen, denn die entdeckten Hafenanlagen stammen aus einer späteren Epoche. Sicher ist, daß sie in der letzten Phase der Stadtgeschichte existierten. Ihr Ausbau kann höchstens auf Mitte des 3. Jahrhunderts v. Chr. datiert werden. Dennoch ist klar,

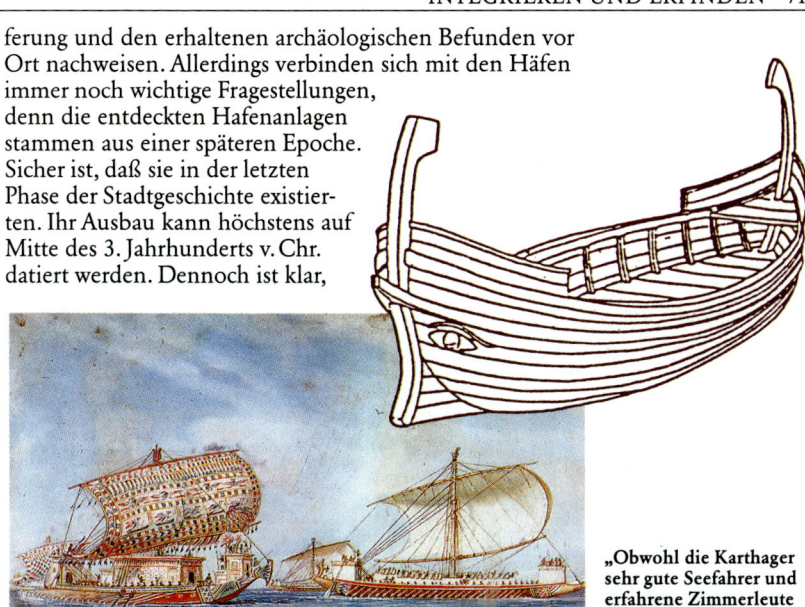

daß es in der Handelsstadt, die völlig von der Seefahrt abhängig war, auch vor dieser Zeit einen Hafen gegeben haben muß. Nicht zuletzt weist auch der Historiker Diodor auf die Existenz eines derartigen Hafens hin und gibt die Zahl der Schiffe, die beim Angriff der Flotte des Tyrannen Dionysios von Syrakus eingesetzt wurden, mit 200 an.

Mehrere Hinweise, vor allem die Entdeckung eines 15 bis 20 m breiten und mindestens 300 m langen Kanals im Bereich des Hafengeländes, sprechen dafür, den alten Hafen an der Mündung dieses Kanals anzusiedeln, bei dem es sich um eine schiffbare Wasserstraße gehandelt haben könnte. So steht man – obgleich Lage und Aufbau der Häfen in den letzten Jahrzehnten Karthagos nunmehr geklärt sind – vor einem neuen Rätsel. Wo genau befinden sich in dem langen Zeitabschnitt vor Mitte bzw. Ende des 3. Jahrhunderts v. Chr. die Häfen von Karthago?

„Obwohl die Karthager sehr gute Seefahrer und erfahrene Zimmerleute waren, scheinen sie keine neue Verfahren auf dem Gebiet des Schiffbaus entwickelt zu haben. Erst die Griechen erhöhten Tonnage und die Leistung der Kriegsschiffe, indem sie die Anzahl der Ruderreihen vervielfachten. Die Anordnung der Ruderer auf den antiken Galeeren bleibt gleichwohl ein Rätsel der Seefahrtsgeschichte. (…) Merkwürdig ist auch, weshalb Seefahrer, die sich bis in den Golf von Gascogne und den marokkanischen Atlantik wagten, nicht versucht haben, ihre Schiffe nach dem Vorbild der einheimischen Flotten den Widrigkeiten der westlichen Meere anzupassen."
Gilbert Charles-Picard

VIERTES KAPITEL

DIE KULTSTÄTTEN KARTHAGOS

Neben Hannibal sind es die rituellen Kinderopfer, die fast in gleichem Maße wie der Feldherr für den Ruf Karthagos gesorgt haben. Flaubert und auch spätere moderne Historiker berufen sich dabei auf einen Text des Diodor von Sizilien, in dem vom Kollektivopfer Hunderter karthagischer Kinder berichtet wird. Doch ist diese Behauptung – trotz großer Fortschritte der Forschung und zahlreicher Funde – nicht erwiesen: Über die punische Religion ist weit weniger bekannt, als man gemeinhin annimmt.

In punischen Texten findet man nicht den geringsten Hinweis auf Menschenopfer. Allerdings hat selbst Jules Michelet das negative Bild vom punischen Glauben übernommen: „In Karthago herrschte ein grausamer und von erschreckenden Riten begleiteter Glaube."

Flaubert und der Mythos vom „kinderfressenden" Moloch

Als Gustave Flaubert 1862 seinen historischen Roman *Salammbô* veröffentlicht, ruft das Kapitel „Moloch", in dem er ein finsteres Bild von den Kinderopfern zeichnet, bei dem Schriftsteller Sainte-Beuve, aber auch bei Froehner, einem Konservator des Louvre, heftige Proteste hervor. Beide werfen ihm vor, zu sehr auf die karthagofeindlichen griechisch-römischen Quellen vertraut und sich nur einen bestimmten Text des griechischen Historikers Diodor von Sizilien zunutze gemacht zu haben. Bei ihm heißt es nämlich, daß die Karthager beim Angriff des Tyrannen Agathokles von Syrakus im Jahr 310 v. Chr. 200 Kinder aus den angesehensten Familien ausgewählt und im Namen des Staates geopfert hätten, um die Götter – insbesondere Kronos, der sich gegen die Karthager gestellt hatte – wieder zu versöhnen. „Andere – ihre Zahl belief sich auf 300 – opferten sich freiwillig. In Karthago gab es eine Bronzestatue von Cronos. Von den nach unten gebogenen Innenflächen seiner ausgestreckten Hände rollten die geopferten Kinder in die Feuergrube."

Flaubert nahm diesen Bericht für bare Münze und erklärte das Autodafé der Neugeborenen zu einer in Karthago gängigen Sitte. Auf dieser Grundlage konzipierte er seinen Gott „Moloch". Doch hat man später bewiesen, daß der Name dieser Gottheit irrtümlicherweise vom phönizischen Wort „molk" abgeleitet wurde. Tatsächlich bedeutet „molk" nämlich „Geschenk" oder „Opfergabe".

Doch darf man die Bedeutung des Romanciers und seiner Schilderungen nicht unterschätzen, denn sein Einfluß besteht fort. Das Stadtviertel von Karthago, in dem sich die große punische Kultstätte befindet, heißt noch heute „Salammbô". Diese Kultstätte, wo sich der Legende nach der Scheiterhaufen für die Kinderverbrennungen befand, trägt zudem seit den 20er Jahren die biblische Bezeichnung *Tophet* (hebräisch tpt), nach dem Namen eines Ortes im Hinnom-Tal bei Jerusalem.

„Die Priester beugten sich über den Rand der großen Steinplatte – und ein neuer Gesang erhob sich, der die Freuden des Todes und die ewige Wiedergeburt pries. Langsam stiegen sie nach oben, und da der aufsteigende Rauch große Wirbel erzeugte, hatte man von weitem den Eindruck, sie würden in einer Wolke verschwinden. Keiner rührte sich vom Fleck. Sie waren an Händen und Füßen gefesselt, und das dunkle Tuch verhinderte, daß sie etwas sehen konnten und daß man sie erkannte. Hamilcar, der wie die Priester des Moloch in ein rotes Gewand gehüllt war, stand vor dem rechten großen Zeh des Baal. Als man das vierzehnte Kind opferte, sahen alle, wie er vor Entsetzen schauderte."

Gustave Flaubert, *Salammbô*

Dort hat man der Überlieferung nach ein Opferfest gefeiert, bei dem Säuglinge beiderlei Geschlechts „durchs Feuer mußten"; ein Fest, das von den Propheten Israels immer aufs schärfste verurteilt worden war.

Mit der Wahl der Bezeichnung „Tophet" stellt man sich auf die Seite derer, die die Kinderopfer für eine Tatsache halten.

Noch in den 60er Jahren scheut sich der angesehene Semitist James B. Février nicht, unter Verquickung verschieden-

Ausgangspunkt für die Entdeckung der berühmten Stele „Priester mit Kind" im Jahr 1921 und der darauffolgenden Lokalisierung des Tophet sind die Raubgrabungen eines Bewohners der Stadt, der illegalen Handel mit punischen Grabstelen betrieb.

Insbesondere den Bemühungen von Professor Gilbert Charles-Picard und dem enthusiastischen Arbeitseifer von Pierre Cintas in seiner Eigenschaft als Direktor der „Antiquités de Tunesie" ist es zu verdanken, daß sich in Karthago, aber auch in Utica und Sousse, eine methodische und zielgerichtete punische Archäologie entwickeln konnte.

artigster Befunde und sprachgeschichtlicher Überlegungen, ein phantastisches und zumindest fragwürdiges Bild von der Opferzeremonie zu entwerfen und als historische Realität darzustellen. Eigentlich beginnt alles mit der Entdeckung einer obeliskenartigen, über 1 m hohen Stele aus Kalkstein bei einer illegalen Ausgrabung im Jahr 1921. Auf der Vorderseite ist eine Umrißzeichnung eingraviert, die einen Mann in einem langen, durchsichtigen Gewand zeigt, der ein kleines Kind auf dem Arm trägt. Nach der Freilegung von Tausenden weiterer Stelen, bei denen sich Graburnen befinden, schließt man auf die Existenz eines Tophets und interpretiert die Zeichnung auf der Obeliskenstele als Opferszene.

Das Rätsel der Graburnen

Doch schon 1922 mahnte der Historiker Charles Saumagne, der sich um die karthagische Archäologie große Verdienste erworben hat, Wissenschaft und interessierte Öffentlichkeit gleichermaßen zu Vorsicht: In der „Revue tunisienne" schreibt er: „Die Einbildungskraft der Öffentlichkeit, die von der Erinnerung an Flaubert verfolgt wird, hat die Entdeckung prompt dramatisiert.

„Die Szenerie scheint nur durch das Feuer in der heiligen Grube, dem Tophet, erhellt. Man nimmt eher den Widerschein als das Feuer selbst wahr. Aber die große Bronzestatue des Baal Hammon, die sich am Rand der heiligen Grube erhebt und die Hände nach ihr ausstreckt, wird von den Flammen in rötliches Licht getaucht. Vor der Statue (…) erzeugen Flöten- und Trommelspieler einen ohrenbetäubenden Lärm. Vater und Mutter sind da. Sie überreichen ihren Säugling einem Priester, der sich auf den Graben zu bewegt, dem Kind auf mysteriöse Weise die Kehle durchschneidet (…) und das kleine Opfer in die ausgestreckten Hände der Statue legt, von wo aus es ins Feuer rollt."
James B. Février

Diese Kinder – konnte man überall hören und lesen – sind die Opfer der grausamen Verbrennungen zu Ehren des Moloch. Dies war ein unüberlegter und schwerwiegender Schritt.

Unüberlegt, weil es wichtig ist, den Fund in allen Einzelheiten zu kennen, bevor man eine derartige Behauptung aufstellt – und sei es nur als Hypothese.

Schwerwiegend, weil die Rehabilitierung des religiösen Ansehens von Karthago, für die viele unserer besten Historiker kämpfen, aufs Spiel gesetzt wird. (…) Wir reagieren sehr empfindlich bei der Vorstellung, daß Mütter ihre Kinder in religiösen Ritualen dem Feuertod ausliefern, ‚um sich verdient zu machen‘.“

Jahre nach den Ausgrabungen suchen die Archäologen die Unterstützung der Anthropologen. In verschiedenen Labors (vor allem zwischen 1947 und 1952 im Institut für Gerichts- und Sozialmedizin in Lille) werden die Knochenreste aus den Urnen analysiert. Anthropologische Untersuchungen, insbesondere durch das amerikanische Archäologenteam, das die Ausgrabungsarbeiten im Tophet im Rahmen der UNESCO-Rettungskampagne wieder aufnimmt, bilden den Abschluß dieser gerichtsmedizinischen Studien.

Doch gibt es bis heute noch kein endgültiges Ergebnis. Das entscheidende Problem liegt darin, daß sich anhand der Analysen niemals feststellen lassen wird, „ob die Kinder lebend auf dem Scheiterhaufen verbrannt wurden oder ob sie vorher eines natürlichen Todes gestorben waren“. Aber eine Beobachtung drängt sich auf: In den Nekropolen von Karthago (und anderen punischen Städten im Mittelmeerraum) gibt es keine Gräber von Neugeborenen.

In Zeiten hoher Kindersterblichkeit werden im Tophet „die Föten und die totgeborenen Kinder beigesetzt“. Sicher ist nur soviel, daß die Urnen nicht nur verbrannte Tierknochen (Schaf oder Ziege), sondern oft auch Knochenreste von Kindern enthalten, so daß man nur auf regelmäßige Einäscherungen schließen kann.

> „Der Besucher wird bei seinem Gang durch die Nekropolis nicht ahnen, daß sich unter seinen Füßen Tausende von Grabkammern und Millionen von Gräbern befinden.“
>
> Ch.-E. Beulé, 1861

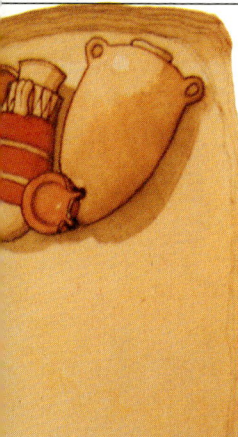

Die jüngsten Ausgrabungen haben weniger zur Auflösung des Rätsels beigetragen, als vielmehr die Diskussion um den Mythos wieder neu entfacht.

Vor kurzem hat der amerikanische Archäologe Lawrence E. Stager, der die letzten Ausgrabungsarbeiten an der Kultstätte geleitet hatte, kategorisch behauptet: „Die Analyse der Urneninhalte und ihres archäologischen Kontextes, sowie die Überprüfung der biblischen bzw. nicht-biblischen Quellen über die kanaanäische, phönizische und

Offensichtlich verfügte die heilige Stätte, der man den Namen Tophet gegeben hat, über keine besonderen architektonischen Elemente. Die entdeckten Befunde (wie z. B. das Gewölbe eines unterirdischen Saals, unten) sind aus römischer Zeit. Häufig stößt man auf Ansammlungen von rechteckigen Gedenksäulen aus Sandstein und Stelen aus Muschelkalk mit dreieckigen Aufsätzen, die aus völlig unterschiedlichen Epochen stammen.

punische Religion, haben zweifelsohne bewiesen, daß es in Karthago mindestens seit 750 v. Chr. bis zur Zerstörung der Stadt Kinderopfer gegeben hat."

Der bekannte italienische Semitist Sabatino Moscati (der frischen Wind in die phönizisch-punische Forschung brachte und 1988 in Venedig eine Großausstellung über die Phönizier organisiert hat) hält dagegen die Kinderopfertheorie für eine reine Erfindung, für ein Produkt der antiken antikarthagischen Propaganda. Unter Bezug auf zwei früher veröffentlichte Studien hat er vor kurzem auf einer Konferenz in Karthago bekräftigt, daß „im Tophet, der den beiden höchsten Gottheiten Tinnit und Baal Hammon geweihten heiligen Stätte, totgeborene oder kurz nach der Geburt verstorbene Kinder verbrannt und anschließend in Urnen beigesetzt wurden. Die Gräber dieser Kleinkinder befinden sich eben nicht in den Nekropolen, sondern im Tophet. Die Kultstätte barg also die sterblichen Überreste derer, die noch nicht zur Gemeinschaft der Erwachsenen zählten und daher auf deren Nekropolen nicht bestattet werden durften, einfach weil sie zu früh gestorben waren. Im Tophet wurden sie der Gottheit geweiht oder dargebracht und rituell eingeäschert."

Baal Hammon, der höchste Gott

Ob Opferstätte oder schlicht und einfach Kinderfriedhof – der Tophet ist dem höchsten Götterpaar, Tinnit und Baal Hammon, den Schutzpatronen der Stadt und Garanten für ihren ewigen Bestand, geweiht. Tinnit, die „Herrin von Karthago", deren Name vom punischen „tnt" abgeleitet ist, wird

Bis heute ist man in Karthago auf keine gesicherte Darstellung von Baal Hammon gestoßen.

Diese römische Tonplastik aus der Umgebung von Karthago (oben), die spätestens aus dem 2. Jahrhundert nach Chr. stammt, weist jedoch mehrere Elemente auf, die auf eine Verbindung zur punischen ikonographischen Tradition hindeuten. Sie erlauben es, die Plastik – insbesondere über den Vergleich mit einer Stele aus dem Tophet des antiken Sousse – als Darstellung der hohen karthagischen Gottheit zu interpretieren. Die Gottesfigur trägt einen Bart, ist mit einer phönizischen Tunika bekleidet und sitzt auf einem von Sphingen flankierten Thron.

auf den Stelen im allgemeinen „Antlitz Baals" genannt.
Allerdings vertreten einige Forscher die Ansicht, daß eher
„im Angesicht von Baal" gemeint sei. Der „Herr" („Hammon") wird einmal als der gefürchtete Herr des Feuers,
dann wieder als der gütige „Herr der Räucheraltäre", „unser
Schutzpatron" oder auch als „Herr der Kapelle (oder des
kleinen Tempels)" interpretiert.

Sicherlich handelt es sich bei Baal Hammon um den
höchsten Gott, der Wünsche erfüllt und den Wohlstand
fördert. Auch nach dem Untergang von Karthago behauptet sich im römischen Afrika seine Vorrangstellung und
Allmacht unter dem Namen „Saturnus". Seine Beinamen lauten „magnus" (groß), „dominus" (Herr),
„frugifer" (Fruchtbarkeitsgott) oder „sacer" (heilig).

Der Eschmun-Tempel

Appian berichtet von einem Tempel auf der
Akropolis bzw. der „Zitadelle" der Stadt, der der
Gottheit Eschmun geweiht ist. Diese Gottheit
setzt er mit dem griechischen Gott der Heil-
kunst, Asklepios, gleich. Er versichert, daß
dies der größte Tempel von Karthago
gewesen sei. Weiter führt er aus (und
diese Angabe wird von anderen
griechischen und römischen Quellen
bestätigt), daß sich die Akropolis in
exponierter Lage in der Mitte der Stadt
befindet und von dort oben über
Häfen, Meer und See (den heutigen
See von Tunis, „Al-Bahira") herrscht.

Aufgrund der Ausgrabungen und
historischen Untersuchungen von Serge
Lancel kann man heute davon ausgehen, daß sich diese Akropolis mit
großer Wahrscheinlichkeit im Bereich
des heutigen Byrsa-Hügels befand, auf
dem man nun das Museum von Karthago, das punische Häuserviertel und
eine Hauptstraße besichtigen kann.

Wie aber steht es um die Möglich-
keiten, heute noch bedeutende Überreste des Eschmun-Tempels zu entdek-
ken? Sie sind wohl nur gering, denn der
Hügel erfuhr im Laufe der Geschichte

Die Interpretation
des sogenannten
„Tinnit-Symbols" bleibt
problematisch. Sicher-
lich handelt es sich (wie
auf der abgebildeten
Stele erkennbar) um
eine anthropomorphe
Figur: Aber weshalb soll
es sich gerade um die
Göttin Tinnit handeln?

Punisches Kunsthandwerk

„Die bei den Ausgrabungen entdeckten Fundstücke zeugen nicht nur von einem freien Warenverkehr und weitreichenden Handelsbeziehungen, sondern darüber hinaus auch von einer regelrechten Vermischung der Kulturen. Dies wird z. B. im Bereich der sogenannten ‚Koroplastik‘ deutlich. Es handelt sich hierbei um die Herstellung von gebrannten Tonfigürchen, die als Kultgegenstände oder einfach nur als Schmuck dienten. Neben weiblichen Figuren, deren ‚Kanon‘ eindeutig griechischen Ursprungs ist (…) findet man Darstellungen (…), die die Zugehörigkeit des andererseits so stark hellenistisch geprägten Karthago zur östlichen Welt offenbaren.“

Serge Lancel

eine Reihe von Umgestaltungen: Zerstörung 146 v. Chr.;
Abtragung und Einebnung unter Kaiser Augustus nach der
Gründung der römischen Kolonie; verschiedene Umbau-
ten der Monumente; Zerstörungen späteren Datums; endgültige Aufgabe der Stätte; Errichtung einer Kathedrale
und eines Seminars für die „Pères Blancs" im ausgehenden
19. Jahrhundert.

Der „Apollon"-Tempel

Appian berichtet außerdem, daß die römischen Soldaten bei den Straßenschlachten
146 v. Chr. einen großen Tempel plünderten,
der sich unweit der Agora, dem öffentlichen
Marktplatz in der Nähe des Kriegshafens,
befand.
　　　Dieser Tempel ist einer Gottheit
geweiht, die in der griechisch-römischen
Welt mit Apollon gleichgesetzt wird. Bisher
hatte man die Chancen, diesen Tempel
wiederzufinden, nicht sehr hoch eingeschätzt.
　　Aber nach den Ausgrabungen der deutschen
Mission unter der Leitung des Archäologen Friedrich Rakob im Jahr 1990 sieht es ganz so aus,
als ob dieses Heiligtum nun entdeckt sei.
　　Das Heiligtum war zwar in moderner Zeit
etwas in Vergessenheit geraten, für die Römer
aber blieb die Erinnerung daran noch drei Jahrhunderte nach der Zerstörung Karthagos lebendig: Sie
entwendeten nämlich die vergoldete Statue des punischen
Apollon, stellten sie später am Rand des „Circus Flami-
nius" in Rom wieder auf, wo sie offensichtlich noch im
2. Jahrhundert n. Chr. stand.
　　Die Ausgrabungen Rakobs bringen die 13,5 m lange
Rückfassade des Heiligtums, seine *Cella* mit ihren inneren
Trennwänden und einem Teil ihres Paviments sowie zahlreiche architektonische Elemente zutage: Dazu zählen
Kapitelle, geriefte Säulen und Pilaster sowie Profilblöcke
ägyptisierender Form aus Sandstein, die mit weißem Stuck
überzogen sind. Man findet auch Bronzefragmente und
Teile von Kultmobiliar.
　　Aber vor allem – und das ist eine der wichtigsten
Entdeckungen – ist man auf Überreste der Urkunden die-
ses Heiligtums gestoßen, die 146 v. Chr. verbrannt waren:
Es handelt sich um mehr als 3000 Tonsiegel, auf deren

Trotz der Überlagerung
von punischen Sied-
lungsspuren und römi-
schen Bauten ist es den
deutschen Archäologen
gelungen, eine metho-
dische Anordnung der
Bebauung des Küsten-
streifens nachzuweisen
(oben).

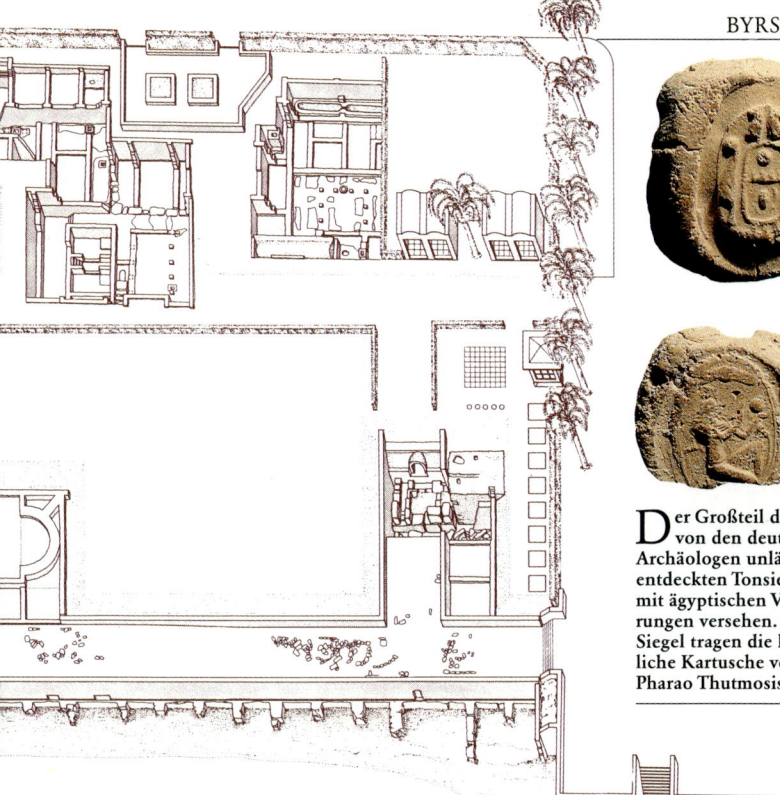

Der Großteil der von den deutschen Archäologen unlängst entdeckten Tonsiegel ist mit ägyptischen Verzierungen versehen. 1575 Siegel tragen die königliche Kartusche von Pharao Thutmosis III.

Rückseite noch Spuren von Papyrus und der Schnur erkennbar sind, die die Rolle zusammenhielt. Ein tunesisch-deutsches Team (Taoufik Redissi und Dietrich Berges) bearbeitet diese Funde. Seitdem ordnet man diesem „Apollon"-Tempel auch die ca. 3000 Votivstelen zu, die im 19. Jahrhundert in seiner Umgebung entdeckt und bisher mit den Stelen des Tophet verwechselt worden waren.

Man kann nicht mit Sicherheit sagen, welches die

Unter den Siegeln des Apollonheiligtums ist dieses Fragment (unten) bislang einzigartig: Es zeigt eine von Papyrusstauden umgebene kniende Gottheit mit dem Kopf eines Falken (Horus).

punische Entsprechung zu Apollon war. Traditionell setzt man ihn mit Reshef gleich, aber dieser phönizische Gott, dessen Tempel in Byblos (Libanon) freigelegt werden konnte, besitzt kriegerischen Charakter. Einiges spricht dafür, an einen „Sonnen"-Baal zu denken. Deshalb plädiert Rakob für eine Gleichsetzung mit der Gottheit des jungen Horus, zumal mehr als die Hälfte der von den Priestern verwendeten Siegel ägyptische Verzierungen, meist die Prägung einer Königskartusche, aufweisen.

Gibt es noch unentdeckte Tempel?

1929 veröffentlicht der Archäologe Louis Carton einen Bericht über ein kleines Heiligtum aus dem letzten Jahrhundert der punischen Stadt, auf das er bei Grabungen in der Unterstadt unweit des Tophet bzw. in der Nähe des heutigen Bahnhofs „Carthage-Salammbô" gestoßen war. Es handelt sich um eine schlichte rechteckige Cella mit einem Altar an der Rückwand, der seinerseits noch von einem Baldachin überspannt war. In Ermangelung von entsprechenden Inschriften oder anderen Zeugnissen läßt sich über die Gottheit, der dieser allgemein als „Chapelle Carton" bekannte Sakralbau gewidmet war, keine Aussage machen.

Wohl aber nennen die Inschriften aus Karthago andere Gottheiten und erwähnen im einen oder anderen Fall auch konkret Tempel, die freilich von der Forschung noch nicht lokalisiert werden konnten.

Dies trifft zum Beispiel auf Melqart (oder Milqart, „König" bzw. „Herr der Stadt") zu, der an die Beziehungen zwischen der „Neu-Stadt" (Qart-Hadasht, Karthago) und Tyros erinnert und eigentlich als der entscheidende Gott der phönizischen Expansion angesehen werden könnte. Die Griechen haben Melqart mit ihrem Gott Herakles gleichgesetzt.

Dasselbe gilt für Baal Saphon, der, zumindest nach den gängigsten Auslegungen, in Beziehung zu Poseidon gesetzt wird. Ausgangspunkt für diese Überlegungen ist ein

Über die punische Sakralarchitektur ist heute immer noch sehr wenig bekannt. Immerhin kennen wir zahlreiche Darstellungen von Gesimsen, die auf zwei Säulen ruhen, womit ein Hinweis auf einen in hellenistischer Zeit weitverbreiteten Tempeltyp vorzuliegen scheint. Die Innenaufteilung eines kleinen Heiligtums, das 1919 bei Sidi bou Saïd, einem Vorort von Karthago, freigelegt wurde, läßt nicht den Schluß zu, daß sich der orientalische Typus des dreigeteilten Tempels trotz des Einflusses des griechischen Tempeltyps, den die Karthager auf Sizilien kennengelernt haben, behaupten konnte.

bekannter, vom griechischen Geschichtsschreiber Polybios zitierter Text, der das 215 v. Chr. zwischen Hannibal und dem mazedonischen König Philipp V. geschlossene Abkommen beschreibt und in dessen Zusammenhang die Götter zur Unterstützung von „Hannibals Schwur" angerufen werden. Bei diesem Schwur findet der Name des Gottes Baal Saphon Erwähnung. Der sogenannte „Tarif von Marseille", ein Opfertarif, den man im alten Hafen der Stadt entdeckt hat, beurkundet die Existenz eines Baal-Saphon-Tempels in der punischen Stadt und legt die Gebühren fest, die an die Priester je nach Art des Opfers zu leisten sind.

Ebensowenig weiß man letztlich, wo sich der Tempel der griechischen Göttinnen Demeter und Kore (die Göttinnen des Korns und der Fruchtbarkeit, die Hüterinnen über die Mysterien, die den Eingeweihten ewige Glückseligkeit versprechen) befand. Dieser Tempel wurde aufgrund eines offiziellen Beschlusses errichtet, um die vom karthagischen Heer während der Belagerung von Syrakus im Jahr 396 v. Chr. begangene Freveltat zu sühnen. Damals hatten die Soldaten das Heiligtum der Göttinnen geplündert, worauf schweres Unheil über Karthago hereingebrochen war.

Auf dem „Tarif von Marseille" (oben) ist zu lesen: „Tempel des Baal Saphon. Tarif der Steuern, die von den 30 Steuerbeamten in der Amtszeit des *Sufeten* Hillesbaal, dem Sohn von Bodtinnit, dem Sohn von Bodeschmun, (...) und ihren Amtsbrüdern festgelegt worden sind. Für einen Ochsen als Sühne-, Kommunionsoder Brandopfer: den Priestern je 10 Silberschekel".

(Übersetzung der Originalinschrift: Maurice Sznycer)

FÜNFTES KAPITEL

DIE HAUPTSTADT DES RÖMISCHEN AFRIKA

Mit Augustus und dem sich entfaltenden römischen Imperium entsteht eine neue Stadt, die die Bebauung aus punischer Zeit überdeckt, teilweise aber das vorgegebene Bauraster übernimmt. Die antiken Beschreibungen ihrer Bauten, die zum Teil bei jüngsten Ausgrabungen freigelegt werden konnten, und die Werke berühmter Persönlichkeiten, die in Karthago gelebt oder in ihr verweilt haben, vermitteln eine genaue Vorstellung von der Metropole, die als Hauptstadt der römischen Provinz in Afrika gegründet worden war.

„Was könnte besser und rühmlicher sein, als Karthago zu preisen, wo es nur gebildete Bürger gibt?"

Apuleius, Florida

Der erste Bebauungsplan von Karthago: ein Werk Kaiser Augustus'

Aufgrund der bereits bekannten Ausgrabungsergebnisse und eigener Untersuchungen kann der französisch-tunesische Wissenschaftler Charles Saumagne schon 1924 nachweisen, daß das römische Stadtgebiet

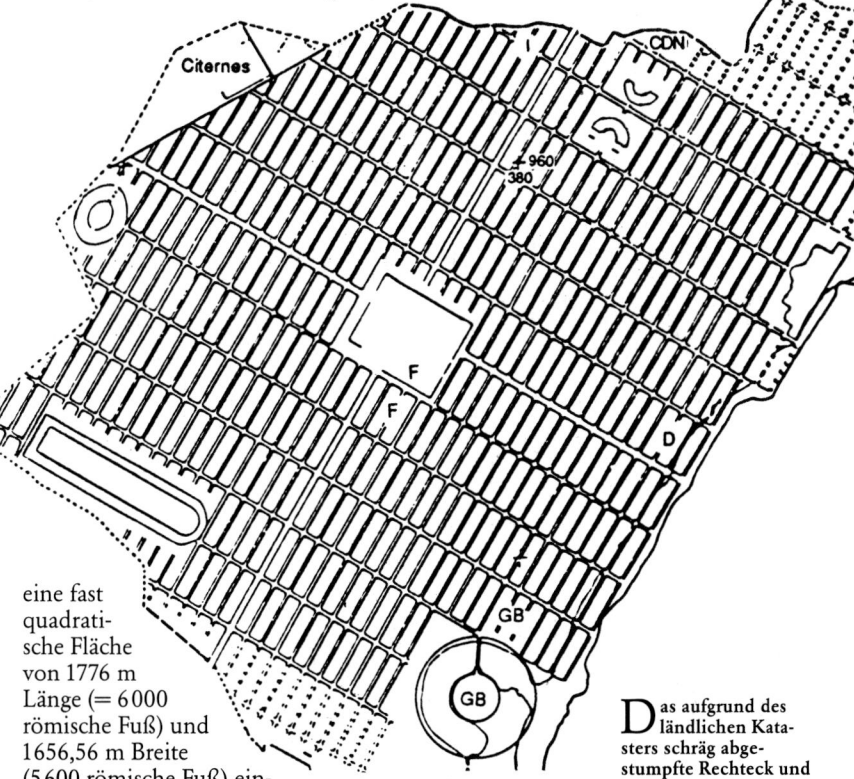

eine fast quadratische Fläche von 1776 m Länge (= 6000 römische Fuß) und 1656,56 m Breite (5600 römische Fuß) einnimmt. Saumagne, ein Jurist, der während seiner ehrenamtlichen Tätigkeit als Archäologe sehr viel für die Erforschung Karthagos leistete, weist damit den theoretischen Rahmen für einen Katasterplan nach, der eine in vier große Rechtecke unterteilte Bebauungsfläche von mehr als 250 Hektar Größe vorsieht. Jedes dieser Rechtecke besteht aus 120 Parzellen bzw. *Insulae* à 50 Ar. Das Zentrum (groma) dieses geometrischen Gebildes, das sich streng an die

Das aufgrund des ländlichen Katasters schräg abgestumpfte Rechteck und die unvollständige Bebauung des Stadtareals lassen erkennen, daß die bereits bestehende Ackerparzellierung (in Quadrate mit 710 m Seitenlänge) bei der römischen Neugründung der Stadt berücksichtigt wurde.

Regeln der römischen Landvermessung hält, liegt zufälligerweise genau an der Stelle der Apsis der mächtigen
Kathedrale, die auf dem Byrsa-Hügel über der karthagischen Landschaft thront. Auf dieses Raster gehen auch
noch heute genutzte Wege und ein Großteil der Straßenführung im Küstenbereich der modernen Stadt zurück.

Die jüngsten Ausgrabungen unter der Schirmherrschaft der UNESCO geben Saumagne recht. Vor allem
konnte die Abweichung vom strengen Bebauungsschema, die er im nordwestlichen Rechteck, der
„Centurie A", feststellte, bestätigt werden. Die archäologischen Untersuchungen zeigen auch, daß die Bebauungsfläche nur nach und nach genutzt wurde und
daß an den Rändern stellenweise Parzellen unbebaut
blieben. Außerdem führen sie jedoch auch zu der
Erkenntnis, daß der von Saumagne vor 70 Jahren erstellte
Plan in Teilen überarbeitet werden muß. Die Bebauung
der Stadt folgte zwar dem Schema der großen Achsen, des
Rasters und des Straßennetzes, berücksichtigt aber auch
die Höhenunterschiede des Geländes. Darüber hinaus
wurde auch außerhalb des theoretischen Vierecks – im
Südsüdosten und auch im Nordnordwesten an der Küste –
Baugelände zugeteilt.

Nach Ansicht Friedrich Rakobs gehen die rechtwinkligen Fluchten des römischen Karthago aber
vor allem auf

An einem Hang im
Nordwesten von
Karthago wird in römischer Siedlungszeit
unter Berücksichtigung
des Katasterschemas ein
Wohnviertel mit teilweise sehr luxuriösen
Häusern angelegt. Diese
Villen errichtet man auf
Terrassen, die zur Küste
hin entlang der Hügellinie stufenförmig abfallen. „La Volière" ist
die berühmteste dieser
Villen, benannt nach
einem Mosaik, mit dem
der Hof zwischen dem
Säulengang und dem
Garten des Wohnsitzes
ausgelegt war.

das von den Puniern in der Unterstadt angewandte Bauschema zurück.

Die Entdeckung des monumentalen Zentrums in der Oberstadt

Eineinhalb Jahrhunderte jüngster Geschichte haben das Landschaftsbild und die Konturen des Byrsa-Hügels, der bis vor kurzem noch „Hügel des hl. Ludwig" hieß, grundlegend verändert. Im Jahr 1840 wird dort zum Gedenken an den französischen König Ludwig IX., der 1270 in Karthago während des achten Kreuzzugs gestorben war, eine Kapelle erbaut. Nach der Zerstörung dieser Kapelle legt man im Jahr 1850 ein Kenotaph an, und schließlich errichten die Weißen Väter („Pères Blancs"), die sich 1857 in Karthago niederlassen, auf Betreiben von Kardinal Lavigerie eine Kathedrale und ein riesiges Seminar.

Dieser Plan von Charles Saumagne verleitet zum Träumen, denn auf dem Byrsa-Hügel hätte man Tempel, kleine Thermen, Häuser mit Mosaiken und vieles mehr erhalten können. Doch für das Seminar der „Pères Blancs" und die Kathedrale wird der Hügel rücksichtslos als Baugelände genutzt.

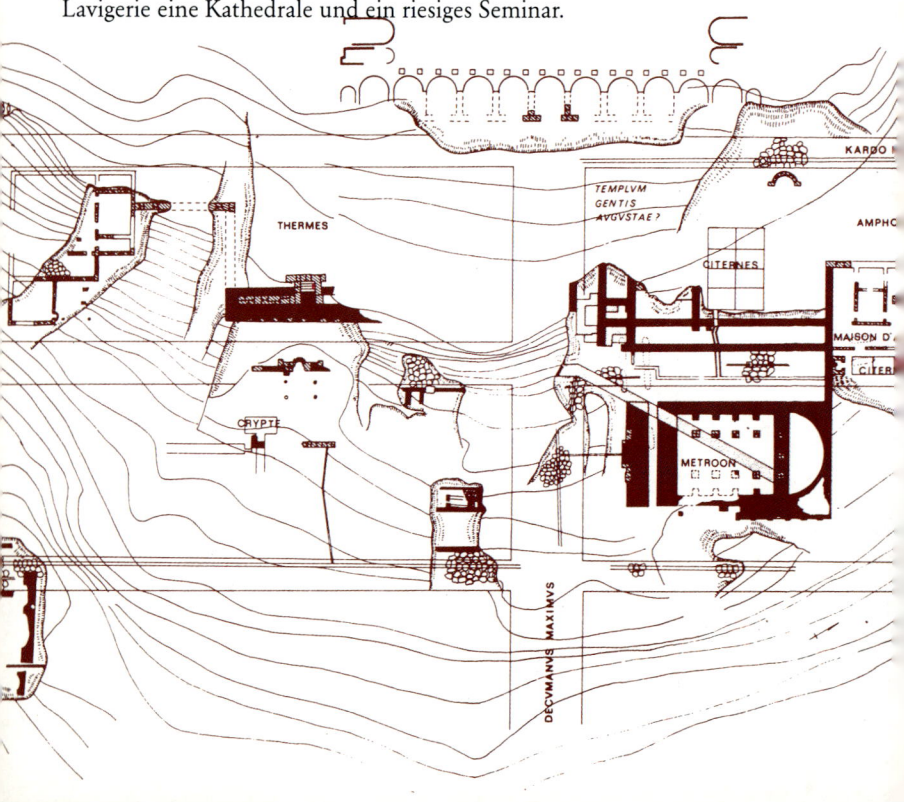

MAISON D'ARIADNE

KARDO V

Durch einige moderne Villen und ein überdimensioniertes Hotel hat die Stätte zwar noch mehr an Homogenität verloren, doch birgt der Untergrund trotz dieser grundlegenden Eingriffe noch bedeutende archäologische Zeugnisse.

Dank der Ausgrabungen und methodischen Untersuchungen der französischen Mission unter der Leitung des Archäologen Pierre Gros – ein renommierter Fachmann auf dem Gebiet der hellenistischen und römischen Architektur – ist es erst kürzlich gelungen, einen wesentlichen Teil davon freizulegen. Die Analysen bezeugen die Großartigkeit des augusteischen Städtebaukonzepts: Der Byrsa-Hügel wird nämlich auf Betreiben des Kaisers völlig neu gestaltet. Man errichtet eine von gewaltigen Stützmauern getragene esplanadenförmige Akropolis, die vom „cardo maximus"

Kardinal Lavigerie holt 1875 Pater Delattre nach Karthago und gibt ihm die Anweisung, „über die Schätze Karthagos zu wachen und dafür zu sorgen, daß sie geborgen werden". 1881 schreibt er bereits „Über den Nutzen einer ständigen archäologischen Mission in Karthago".

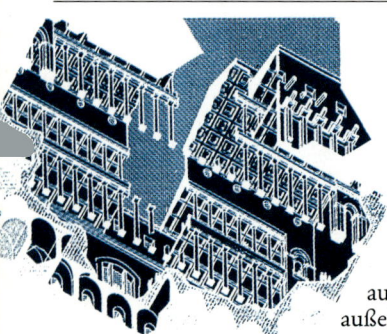

(der großen Längs-
achse) über gewaltige
Treppenaufgänge zu-
gänglich ist und auf der
Seite des „decumanus
maximus" (der großen
Ost-West-Achse) einen
herrlichen Ausblick auf
die Küste bietet.

Dort errichten die
augusteischen Architekten
außerdem „den größten zu-
sammenhängen-
den öffentlichen
Platz" außerhalb Roms (in Ost-West-Rich-
tung 336,36 m lang und in Nord-Süd-Rich-
tung 233,24 m breit), der durch Säulengänge
in zwei separate Plätze unterteilt ist. Beim
ersten Platz handelt es sich um das Forum,
das religiösen und juristischen Zwecken
dient, aber aufgrund seiner zentralen Lage

„Die vielfältigen admi-
nistrativen, politischen
und religiösen Funktio-
nen eines Stadtzentrums,
das zugleich Provinz-
hauptstadt ist, erhalten
wieder ihren festen Platz
und können, zumindest
auf dem Papier, in ihrer
gebieterischen Monu-
mentalität wiedergegeben
werden."

Pierre Gros

erwähnen, könnte man fast glauben, Karthago hätte das Unheil geradezu angezogen.

Aurelius Victor, ein Verfasser geschichtlicher Abrisse und Kompilationen aus dem 4. Jahrhundert, berichtet, daß Karthago unter Kaiser Antoninus Pius (138–161) von einem Brand heimgesucht wurde. Andere Autoren der Antike bestätigen diese Feuersbrunst und vergleichen das Ausmaß der Verwüstungen mit den Bränden in Antiocha und Narbonne. Die Zerstörungen bieten um 150 die Gelegenheit zu umfassenden Umbauarbeiten im Zentrum Karthagos. Unter den Kaisern Antoninus Pius und Mark Aurel wird die Stadt für zwei Jahrzehnte zur Großbaustelle, wie die archäologischen Ausgrabungen unter der Leitung von Pierre Gros dies für das „kaiserliche" Forum in der Oberstadt belegen. Seiner Restaurierung und Umgestaltung ging offensichtlich eine intensive Planung der Architekten voraus, die das Gesamtkonzept nach den modernsten Richtlinien des römischen Städtebaus festlegten und der Basilika monumentale Proportionen verliehen.

Die Renovierungs- und Verschönerungsarbeiten werden auf weitere Stadtviertel Karthagos ausgedehnt. So folgt beispielsweise einer kleinen Bühne – vermutlich aus augusteischer Zeit – ein größeres Theatergebäude, das noch heute, insbesondere im Rahmen des Internationalen Kulturfestivals von Karthago, für Veranstaltungen genutzt wird.

Im südlichen Trakt der sogenannten „La Volière"-Villa befindet sich ein loggiaartiger Pavillon mit Blick über die Bucht. Neben einem großen Empfangssaal mit Marmorboden liegt hier eine Art „Theatergarten" mit Parkett und Bühnenbalustrade, Wasserbecken, Blumenständern und Kaskaden, die mit Landschaftsmosaiken verziert sind.

Dieses Theater besteht aus zwei verschieden konstruierten Teilen: Die oberen Sitzreihen ruhen auf einem Unterbau, während die unteren Sitzreihen, die keine Umgangskorridore aufweisen, in den Fels eingetieft sind. Die Architektur und die Ausstattung des Theaters werden ausnahmslos bewundert, wie der Platoniker, Redner und Schriftsteller Apuleius (Autor des „Goldenen Esels") berichtet, der bei einer öffentlichen Konferenz im Theater von Karthago „die Marmorböden, die Architektur des Proszeniums, die Säulenreihen der Bühne, die überhöhten oberen Sitzreihen und die prächtigen Farben der Kassettendecken" lobend erwähnt.

Unter der Herrschaft von Antoninus Pius und Mark Aurel wird ein Bau verwirklicht, dessen Umrisse heute noch die karthagische Landschaft prägen. Es handelt sich um die großen kaiserlichen Thermen, die sogenannten „Antoninsthermen". Diesem öffentlichen Bad, das an der Küste erbaut und – wie man der Inschrift entnehmen kann – 162 eingeweiht wird, liegt ein klarer achsensymmetrischer Aufbau zugrunde.

Das Theater von Karthago ist schon seit der Antike berühmt. Es wird bei Apuleius und später vor allem vom heiligen Augustinus erwähnt. Letzterer beschreibt in seinen „Bekenntnissen" sehr genau die Freuden des dramatischen Schauspiels und prangert in seinen „Predigten" zuweilen diejenigen an, die sich „wie die Heiden ins Theater von Karthago drängen".

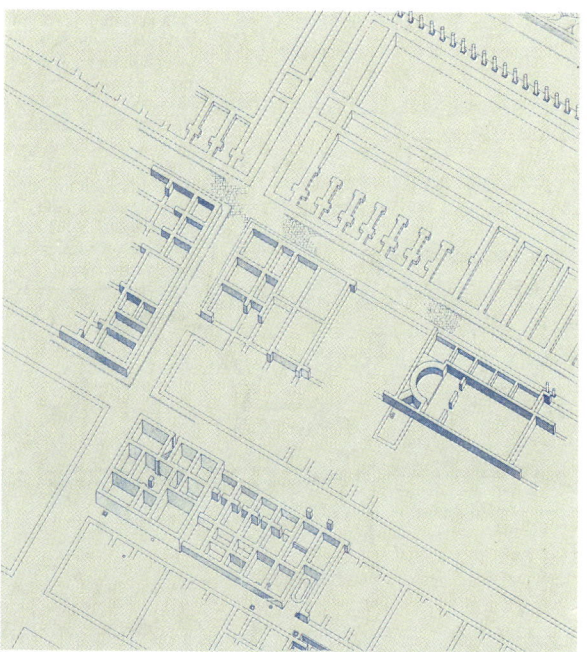

Dank der alljähr-
lichen Tourneen
der Comédie-Française
ist die karthagische
Bühne wieder Spiel-
stätte. Zu ihrer jüngeren
Geschichte zählt aber
auch der pompöse Emp-
fang von Sir Winston
Churchill, der nach dem
„Feldzug von Tunis" im
Mai 1943 hier den Gene-
ralstab und das britische
Armeekorps versam-
melte, um den Sieg
über die Achsenmächte
in Afrika zu feiern. An
jenem Tag wurde das
Theater wieder zur Tri-
büne großer Reden – wie
wohl einst zu Zeiten von
Apuleius.

Die Hallen des Bades liegen innerhalb einer dreiein-
halb Hektar großen Esplanade beiderseits einer senkrecht
zur Küstenlinie verlaufenden Hauptachse. Dank der zwischen 1980 und 1988 vorgenommenen Anastylose kann
man sich heute eine Vorstellung von der Größe dieses Bauwerks machen, denn eine der rekonstruierten Säulen ist
15 m hoch. Zusätzlich ist ein britisches Forscherteam vor
zwei Jahren am nordnordwestlichen Stadtrand von Karthago auf das Reservoir gestoßen, in dem das Wasser aus
dem von Kaiser Hadrian 117–138 erbauten Aquädukt
zur Versorgung der Hauptstadt aufgefangen wurde.
    Durch ein überwiegend unterirdisch ver-
laufendes Kanalsystem steht dieses
Reservoir mit einem weiteren

Speicher, den Zisternen von Borj Jedid, in Verbindung, die über lange Jahre die Thermen mit Wasser versorgten.

Mit seinen Bauten wird Karthago dem Anspruch seines Ranges als zweite Stadt der Welt gerecht.

Allem voran zeugen die Bauwerke rund um die Foren der Ober- und der Unterstadt, dem – in Verbindung mit den

Der Gebäudekomplex der Thermen besaß zwei Stockwerke und ein Erdgeschoß, in dem sich ausschließlich dunkle Ruheräume befanden. In den oberen Stockwerken lagen die Badeeinrichtungen und ihre Nebengebäude, die symmetrisch zur Längsachse des Komplexes angeordnet waren.

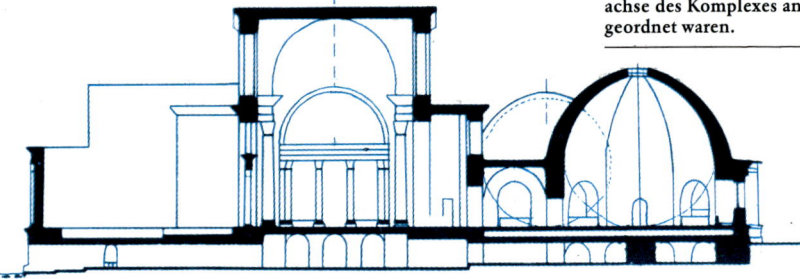

Häfen – merkantilen Zentrum der Stadt, von der Vitalität und der führenden Rolle Karthagos im Mittelmeerraum, die nur von Ostia, der Hafenstadt Roms, und Alexandria übertroffen wird. Karthago ist in der Tat ein bedeutendes Exportzentrum, das im 2. Jahrhundert n. Chr., wie jüngste Ausgrabungen britischer und amerikanischer Archäologen zeigen, in voller Blüte stand. Die landwirtschaftlichen Erzeugnisse Nordwestafrikas wurden von hier nach Rom und Italien ausgeführt und die Märkte der Mittelmeerländer mit Keramikgefäßen und Lampen aus Karthago beliefert. Zu den Umschlaggütern im Hafen der Stadt gehörten auch Raubtiere für die Amphitheater von Rom.

Karthago zeichnet sich auch durch seine prachtvollen Kultstätten aus, die den zeitgenössischen Autoren sowie den Weih- oder Votiv-

„Die *cella media* besaß die Ausmaße einer Kathedrale. Ihre gewaltigen Gußmauergewölbe ruhten auf acht kolossalen Säulen aus grauem Granit, die wahrscheinlich aus Korsika oder Sardinien übers Meer herbeitransportiert worden waren. Im Westtrakt befanden sich die Warmbäder. Auf beiden Seiten einer imposanten Hauptapsis mit abgeschrägten Wänden, in der das *caldarium* untergebracht war, befanden sich zwei Flügel mit jeweils zwei polygonalen Hallen, die ein rechteckiges Schwimmbecken umgaben. Hinter all diesen Details verbirgt sich die von den Architekten Trajans in Rom ein für allemal festgelegte Plankonzeption."
Gilbert-Charles Picard

inschriften nach zu urteilen sehr zahlreich gewesen sein müssen. So findet man Tempel, die Saturn, dem hohen Gott des römischen Afrika geweiht sind. In ihm spiegeln sich gewisse Züge des punischen Baal Hammon wider. Verehrt werden auch Caelestis, die himmlische Juno, die an Tinnit erinnert, und Äskulap, dessen Priester – nach dem Zeugnis des großen karthagischen Predigers und Kirchenschriftstellers Tertullian – den griechischen Mantel und griechische Schuhe tragen. Ein Altar ist demselben Gott aus Epidaurus geweiht – Esculapio ab Epidauro. Ein weiterer, bedauerlicherweise nur schlecht erhaltener Tempel wurde zu Ehren des phrygischen Götterpaars Kybele und Attis errichtet. Hier erweist man der großen Mutter (mater magna) der Götter und ihrem jungen Begleiter Reverenz, „dem sterbenden und wiederauferstehenden Gott, der im Zeichen der vergänglichen Pflanzen steht, dem aber die Auferstehung verheißen wird".

Diese Stele ist auf den 8. November 323 datiert. Ihr Stil (Frontaldarstellung, Axialkomposition, Flachrelief, starker Hals, mandelförmige Augen und das geriefte Gewand) beweist, daß sie nicht in einer karthagischen Künstlerwerkstatt angefertigt wurde. Sie stammt aus der Nähe von Béja (Tunesien) und muß der Tradition der punisch-numidischen Volkskunst zugerechnet werden. Ihre Weihinschrift würde indes unter den karthagischen Stelen der römischen Epoche nicht auffallen: „Konsekration zu Ehren von Saturnus Augustus. Der Priester Marcus Gargilius Zabo hat mit freudigem Herzen das Gelübde eingelöst, zu dem er sich verpflichtet hatte."

Unter den funktiona-
len und heiligen
Beinamen Saturns gibt
es einen, der ihn als
weisen alten Vater und
imposanten, wenn nicht
sogar furchteinflößen-
den Herrn bezeichnet:
Senex, „der Alte".

Ein anderer Tempel konnte bislang noch
nicht ausfindig gemacht werden: Es ist der Tempel
des Silvanus. Nach einer noch unveröffentlichten
Inschrift aus Karthago ist er der Gott des Land-
lebens, der ersten Blüte und des fruchtbarmachen-
den Frühlings. Doch scheint auch diese Entdek-
kung nur eine Frage der Zeit, denn schließlich hat
man vor kurzem auch in der Nähe des
Theaters an der Küste eine Kultstätte entdeckt, deren Standort man fast ein Jahrhundert lang gesucht hatte. Es handelt
sich um den Tempel der alexandrinischen
Göttin Isis, in dem der Gläubige, in den
Worten von Jean Bayet, „wie in einer Art
Zusammenfassung ganz Ägyptens die
Geheimnisse seiner heiligen Schriften
und seiner Gottessymbole mit ihren
halbtierischen Formen, der hieratischen
Haltung und ihren zeitlosen Rätseln"
finden konnte.

All diese Bauwerke sind über die
große, schachbrettartig organisierte

Innenstadt verteilt. Sogar einige Adressen bleiben
vor dem Vergessen bewahrt. So wird ein Bezirk
nach Saturn benannt (vicus Saturni), ein weiterer
nach den Feigenhändlern (vicus ficariorum); es
gibt eine Caelestis-Straße, und um von der Stadt
aus zu den im Norden der Halbinsel gelegenen
Bauernhäusern und -hütten zu gelangen, können
die Karthager die „via mappaliensis" benutzen.
Schließlich sollen an dieser Stelle auch die prunkvollen Freizeit- und Vergnügungseinrichtungen
erwähnt werden, denn ein berühmtes lateinisches
Sprichwort sagt, daß eine Stadt ihrer Harmonie
wegen und um den Ansprüchen ihrer Einwohner
gerecht zu werden, für „panem et circenses", also
für Brot und Spiele zu sorgen hat.

Circenses

„Bei einem Mimen werdet ihr lachen, bei einem
Seiltänzer zittern, bei einem Theaterstück Beifall klatschen
und bei einem Philosophen etwas lernen", sagt Apuleius
zu den Karthagern.

   Die musikalischen Darbietungen und Musikwettbe-
werbe, die in griechisch geprägten Mittelmeerstädten – zu
denen Anfang des 3. Jahrhunderts auch Karthago gehört –

Anhand der Inschrift
auf diesem Sockel
konnte der Isis-Tempel
in Karthago lokalisiert
werden. Es handelt sich
um das Weihgeschenk
eines gewissen Gaius
Novius Cano.

eingeführt werden, finden im Odeon statt. Das von Karthago, mit seinem halbkreisförmig angelegten „auditorium", wurde auf Gewölben erbaut und umfaßte mehrere Stockwerke. Es geht ebenfalls auf den Anfang des 3. Jahrhunderts zurück, ist aber leider heute total verfallen.

Unterdessen entwickelt das karthagische Volk eine starke Vorliebe für Darbietungen anderer Art. Ihre Begeisterung gilt vor allem den Wagenlenkern, die festen „Formationen" oder „Parteien" angehören und jeweils durch eine bestimmte Farbe gekennzeichnet werden: die Blauen, die Grünen, die Roten und die Weißen. Im Hippodrom oder *circus* müssen die Wagengespanne die siebenfache Länge einer Arena zurücklegen, die durch eine

Unter den Darstellungen des römischen Zirkus sind vor allem die Mosaiken (z. B. das „Erosmosaik" in Dougga und die „Szene aus einem Rennen" in Gafsa) sowohl für Karthago als auch für Rom von fundamentaler Bedeutung. Dies zeigen vor allem die Studien des amerikanischen Archäologen John H. Humphrey.

zentrale Achse in zwei Rennstrecken unterteilt wird und an der Innenseite eine Wendemarke besitzt: Eine dieser Marken wird 1972 in Karthago von einer Gruppe polnischer Archäologen und Geophysiker unter der Leitung des Historikers Jerzy Kolendo entdeckt und identifiziert.

Zwischen 1982 und 1987 wird das Areal auf Betreiben des amerikanischen Archäologen John H. Humphrey, eines Fachmanns für römische Zirkusarchitektur, intensiv erforscht. Die Untersuchungen ergaben, daß der Zirkus von Karthago neben dem „Circus maximus" von Rom das zweitgrößte Hippodrom der Welt war, 60 000 bis 70 000 Zuschauer fassen konnte und zwischen dem 2. und Anfang des 7. Jahrhunderts n. Chr. regelmäßig genutzt wurde. Man nimmt an, daß auf einem im Bereich des Odeons entdeckten Mosaik, das heute im Nationalmuseum von Bardo ausgestellt ist, der Mauerring des Zirkus mit seinen zwei übereinanderliegenden Portiken, eine Seite der Sitzreihen und die Arena dargestellt sind. Offensichtlich trägt man gerade ein Rennen zwischen vier Quadrigen aus. Ein weiteres Mosaik, das bei den Zisternen von La Malga gefunden und heute in den Archiven des Museums von Karthago aufbewahrt wird, zeigt einen siegreichen Wagenlenker namens Scorpianus. Aber das unbestritten schönste Denkmal der Helden im Zirkus ist wohl die wunderbare Marmorstatue – ein Kleinod des Museums

Mit einer Statue ehrte man diesen berühmten Wagenlenker.

von Karthago und der tunesischen Bildhauerkunst –, die man vor ungefähr zehn Jahren im
Bereich eines Friedhofs im Süden der Stadt
entdecken konnte: Die Statue zeigt einen
ruhmreichen Wagenlenker „von aristokra-
tischer Statur", der in der Linken eine
Peitsche und in der Rechten einen
Krug als Zeichen des Sieges hält.

**Die Leidenschaft der Karthager gilt
nicht nur den Pferderennen; vermutlich wird sie noch von der „wahn-
sinnigen Liebe" – wie sich der heilige
Augustinus ausdrückt – zu den
Spielen im Amphitheater übertroffen.**

Mehr als die Gladiatorenkämpfe faszinie-
ren die Karthager die Hetzjagden (venatio) in
der Arena: d. h. der Kampf zwischen professionellen Tier-
bändigern – oder manchmal auch zum Tode Verurteilten –
und wilden Tieren. Die Kosten für solche populären Veranstaltungen tragen in der Regel reiche Bürger, und zwar mei-
stens anläßlich ihrer Ernennung zum Konsul, Prätor o. ä.
Die Hetzjagden und Kämpfe in der Arena sollen die Begeisterung der Menge schüren und damit die Beliebtheit der
Finanziers sichern. Ihre Organisation überträgt man Korporationen, die sich um Tiere und Kämpfer kümmern.

Der auf diesem kar-
thagischen Mosaik
aus dem 5. oder 6. Jahr-
hundert dargestellte
Wagenlenker trägt den
Namen Quiriacus. In der
Stadt gibt es noch einen
anderen berühmten
Wagenlenker, Scorpia-
nus, dessen Villa – ein
Beweis für den Reich-
tum einiger Athleten –
mit prunkvollen Mosai-
ken ausgestattet ist.

Eine vor fast 100 Jahren im großen Amphitheater entdeckte Inschrift, die einen „venator Taelegeniorum" erwähnt, also einen Tierbändiger, der der Korporation der „Telegenii" angehört, gibt lange Zeit Rätsel auf.

Aber durch einen glücklichen Zufall verhilft ein in den 60er Jahren im tunesischen Sahel (in Smirat, unweit von El Djem, der Stadt des „afrikanischen Kolosseums") gefundenes Mosaik zur Lösung des Problems. Die Aussage

Während Inschriften und Denkmäler zu Ehren von Gladiatorenkämpfen im römischen Afrika eher die Ausnahme sind, machen die Hetzjagden in den Amphitheatern dort ebenso viel Furore wie in Rom.

der Inschrift auf dem Mosaik und seine Ikonographie machen deutlich, daß es sich bei den „Telegenii" um eine Vereinigung handelt, zu der – neben Raubtieren – mehrere Tierbändiger gehören, die eigens für die Hetzjagden im Amphitheater ausgebildet sind. Selbstverständlich konkurriert diese Vereinigung mit anderen Korporationen. Jede verteidigt ihre Farben in der Arena und benutzt eine Art Geheimcode aus Zahlen und Emblemen als Erkennungszeichen. Wenn zwei Korporationen das gleiche Emblem tragen, unterscheiden sie sich durch ihre Zahl. Stimmt ihre Zahl überein, haben sie unterschiedliche Embleme. Einige Korporationen sind in ganz Afrika vertreten, wie z. B. die „Telegenii", die „Taurisci" oder die „Leontii": Heute würde man beim Gedanken an die Tiermaskottchen von der „Stiermannschaft" oder der „Löwenmannschaft" sprechen. Sie dürfen in Karthago, aber auch in anderen Groß- oder Kleinstädten auftreten.

Dank der Archäologie und Epigraphik kennt man heute weitere lokale Körperschaften. Hie und da lassen sich sogar Tochter- oder Zweigniederlassungen der Hauptvereinigungen erkennen.

Nur die Begeisterung der Zuschauer bei den Wagenrennen ist mit der Leidenschaft der Anhänger in den Amphitheatern vergleichbar.

Das Pferdemosaik

Dieses Paviment, das eine rechteckige Fläche von 12 x 9 Metern umfaßt, gilt als ein herausragendes Kunstwerk und stellt einen ikonographischen Katalog dar, der ohne Beispiel ist. Ursprünglich bestand es aus 18 Reihen mit jeweils 11 Feldern, also insgesamt 198 Feldern. Die Felder sind schachbrettartig angeordnet und bestehen abwechselnd aus bunten Marmorplatten mit geometrischen Motiven und Quadraten mit Szenen. Fast immer handelt es sich dabei um die Darstellung eines Rennpferdes mit unterschiedlichen Bildzusätzen, etwa Sagen aus der Götterwelt, Helden oder Szenen aus der realen Welt, die, wie eine Art Bilderrätsel, Hinweise auf den Namen des betreffenden Pferdes enthalten. Beispielsweise umschreibt die Szene mit den beiden Würfelspielern auf dem mittleren Feld links den Namen „aleator", „Spieler" (alea = Glücksoder Würfelspiel). Das gesamte Paviment stammt aus den ersten Jahren des 4. Jahrhunderts, also aus der Zeit kurz vor der Ära Konstantins.

Die Haartracht der Athleten auf dem Mosaik von Gafsa macht deutlich, daß es sich bei den Dargestellten (links und rechte Seite) um Berufssportler handelt. Nach Auffassung des Archäologen Mustapha Khanoussi, der das Mosaik entdeckt hat, muß die Szene sogar als Bericht von einer realen Veranstaltung, die im frühen 4. Jahrhundert stattfand, interpretiert werden. Austragungsort des dargestellten Wettkampfs war mit großer Wahrscheinlichkeit Karthago. Das in seiner Art bisher einzigartige Paviment gilt als ein künstlerisches Meisterwerk.

Aber die leidenschaftliche Begeisterung der Karthager für Vergnügungen beschränkt sich keineswegs auf die Pferderennen und die Hetzjagden in der Arena. Ein vor drei Jahren bei Gafsa (Südtunesien) entdecktes Mosaik illustriert die große Bedeutung der Berufssportveranstaltungen und athletischen Wettkämpfe im römischen Afrika und vor allem

in Karthago. Auf diesem Mosaik sind die Disziplinen des Fünfkampfs (Lauf, Weitsprung, Diskuswurf, Ringen und Speerwurf) sowie ein Boxwettkampf und ein Pankratium (eine Kombination aus Freistilringen und Faustkampf) dargestellt. Es betont erneut den hellenischen Charakter und die panmediterrane Bedeutung der großen athletischen Wettkämpfe, die in Karthago im 3. Jahrhundert n. Chr. stattfanden: „Asclepeia", ein Wettbewerb, der regelmäßig zu Ehren von Asklepios veranstaltet wird, und „Pythia", ähnliche Spiele zu Ehren des delphischen Apollon, an denen Sport- und Musikdelegationen aus den großen Städten der griechisch-römischen Welt teilnehmen.

Abschließend sei nur noch ein Mosaik aus Karthago erwähnt, das alle Themen in sich vereinigt, die den Wohlstand Karthagos im 4., wenn nicht sogar noch im 5. Jahrhundert veranschaulichen: die Vergnügungen (Hetzjagden, Siege im Zirkus, insbesondere der Sieg des Wagenlenkers Quiriacus), der Rhythmus der fruchtbaren Jahreszeiten und eine von einem Heiligenschein umgebene junge Frau, die Blumen und Blattwerk in den Händen hält – eine Frau, die als Personifizierung von Karthago angesehen werden muß: „Felix Carthago".

SECHSTES KAPITEL

DAS ENDE DES ANTIKEN KARTHAGO

Die Invasion der Vandalen bedeutet weder das Ende des Wohlstands der in Kleinafrika siedelnden Römer noch stellt sie die Vormachtstellung Karthagos in Frage. Denn bald verschwinden die besiegten Germanen von der Bühne der Geschichte, und ihre byzantinischen Bezwinger kündigen die Rückkehr zum goldenen Zeitalter der Römer an. Doch nach der Machtübernahme durch die muslimischen Araber wird Karthago zur Bedeutungslosigkeit verurteilt ... Die Stadt der Antike verfällt und verschwindet aus der Landschaft.

Wie ein „Markenzeichen" der Christen erscheint das konstantinische Chrismon (Christusmonogramm) vor allem ab Ende des 4. Jahrhunderts auf Grabplatten und im Architekturdekor der Kirchen.

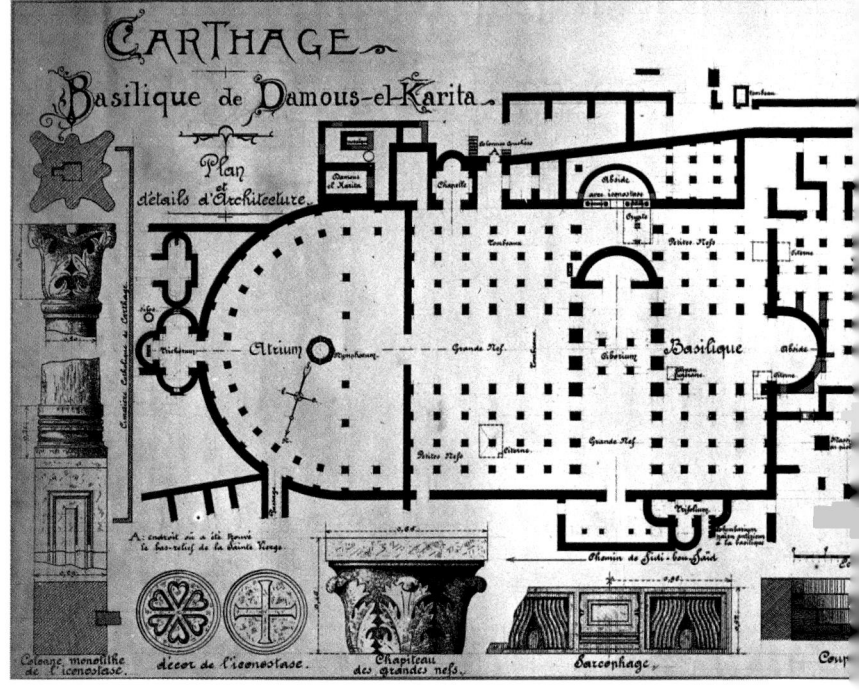

Im Zentrum der Christenheit

„Die Geschichte des afrikanischen Christentums beschränkt sich nicht auf die Ereignisse, die sich auf dem Boden der heutigen Maghrebstaaten abgespielt haben. Das afrikanische Christentum war die außerordentlich fruchtbare und treibende Kraft einer Kulturvermittlung von Süd nach Nord, von Afrika nach Europa (…). Die Kirche Afrikas war eine der großen Lehrmeisterinnen des lateinischen Christentums; sie hat wesentlich zur Gründung jenes lateinischen Abendlandes beigetragen, das sich später über das Christentum hinaus zum Kulturraum des abendländischen Europas entwickelte." (Henri-Irénée Marrou)

Tatsächlich, die Archäologie bestätigt die Angaben der literarischen Quellen: Vor allem die Kunstdenkmäler beweisen, wie sich die christliche Kultur in Karthago ausbreitete. Grabplatten und Sarkophage, die sich vor allem durch ihre kunstvollen Verzierungen auszeichnen, zeigen

Die Kathedrale „Damous el Karita" zeigt einen grandiosen Grundriß, der bereits bei den Ausgrabungen von Pater Delattre im Jahr 1878 nachgewiesen werden konnte. Sie zeichnet sich durch ihre Größe (65 x 45 m), ihr außergewöhnlich breites Hauptschiff und durch die acht symmetrisch angeordneten Seitenschiffe aus. Im Osten schließt sich ein halbkreisförmiges Atrium an, das über einen Säulengang mit einem Nebengebäude in Form dreier halbrunder Apsiden in Verbindung steht.

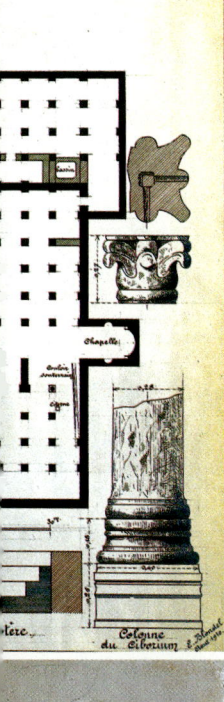

die Darstellung des „Guten Hirten", ein Thema, das auf das Gleichnis Jesu vom verlorenen Schaf zurückgreift.

Auf unzähligen kunstvoll gearbeiteten Lampen findet man christliche Symbole – ein Chrismon oder Monogramm – oder auch Szenen aus der Bibel. Zwei in der mächtigen Kirche „Damous el Karita" entdeckte Flachreliefs, auf denen die „Anbetung durch die Hirten und die drei Weisen aus dem Morgenland" dargestellt sind, gehören zu den schönsten Zeugnissen der altchristlichen Bildhauerkunst.

Die Zahl der Kirchen Karthagos steigt rasch an, bald ist die Christengemeinde auf sechs oder sieben Regionen verteilt. Innerhalb von drei Jahrhunderten finden die Namen von mindestens 22 Basiliken Erwähnung. Drei von ihnen werden später in der unmittelbaren Nähe der Antoninsthermen (im Dermechviertel) freigelegt. Auf dem „Hügel der heiligen Monika" entdeckte man wahrscheinlich auch die Kirche, in der der Leichnam des heiligen Cyprianus beigesetzt worden war. Der Rhetor und von Valerianus I. verfolgte Bischof starb am 14. September 258 den Märtyrertod.

Eine als „Mçidfa" bekannte Fundstätte erbrachte unter nachweislich christlichen Überresten eine

Möglicherweise läßt sich die Bezeichnung „Damous el Karita" vom lateinisch-christlichen Ausdruck „domus caritatis" (Haus der Barmherzigkeit) ableiten.

Diese Grabplatte (oben) stammt aus Furnos minus, einer kleinen Stadt, die einst zu Karthago gehörte. Ihr Mosaikdekor, das die paradiesische Glückseligkeit darzustellen versucht, gilt als bemerkenswertes Beispiel einer altchristlichen Grabkunst, die vor allem in Karthago und im Maghreb der Spätantike weite Verbreitung fand.

Inschrift, die mutmaßlich an die beiden berühmten
Märtyrerinnen vom 7. März 203, die heilige Perpetua
und die heilige Felicitas, erinnern soll. Zu dieser
Zeit sind in Karthago die Heiden noch stark vertreten. Ihre Glaubensvorstellungen äußern sich
eher in einer Art von Religiosität als in einer
Religion. Sie propagieren einen Lebensstil,
der auf Ehrgeiz, Prunksucht und Geld beruht.
Und sie pflegen eine kulturelle Tradition, die –
ungeachtet der neuen Strömungen – von äußer-
lichen und materiellen Werten beherrscht wird.

Die ersten Märtyrer
von Karthago sind
die Scillitaner, kaum
evangelisierte Kleinbau-
ern, die schon am 17. Juli
180 enthauptet werden.
Im selben Jahr wird Per-
petua geboren, die aus
einer der angesehensten
Familien der Stadt
stammt. Als sie zu
einem wunderschönen
Mädchen herangewach-
sen ist, läßt sie sich
gegen den Willen ihrer
Eltern taufen. Man
gewinnt den Eindruck,
daß sie sich danach
sehnt, als Märtyrerin zu
sterben. Im Gefängnis
wird sie wegen ihrer
Fröhlichkeit und Güte
von ihren Mitgefange-
nen und Wächtern glei-
chermaßen bewundert.
Zusammen mit Felicitas
wird sie dann auch
wenig später den Bestien
im Amphitheater von
Karthago vorgeworfen
(links). Perpetua findet
Eingang in die älteste
Märtyrerliste; bald er-
scheint sie auch auf dem
Mosaik in der Kirche
des heiligen Apollinaris
von Ravenna (oben).

Diese Tradition äußert sich insbesondere in der Raumkunst und in der Wahl der Themen für die Bodenmosaiken.

Neben der heidnischen Aristokratie gibt es zu dieser Zeit in Karthago auch eine Israelitengemeinde. Ihre Syn-

Mit der Invasion der germanischen Vandalen wird der Arianismus in Karthago zur Staatsreligion erhoben.

agoge konnte von den Archäologen bislang noch nicht lokalisiert werden. Dafür hat man allerdings in einem Vorort der Stadt, in Gamart, zwischen einem See und dem Meer einen jüdischen Friedhof entdeckt und auch teilweise freilegen können. Ganz in der Nähe, in Hammam Lif, am Fuße des Jebel Bou-Kornine, stieß man zudem bei Ausgrabungen auf die Mosaiken einer imposanten Synagoge.

Doch zu Zeiten des heiligen Augustinus ist die große Stadt vor allem eine vor Vitalität sprühende Christenmetropole, und der lateinische Dichter Ausonius (ca. 310 – 395) behauptet in seiner Beschreibung von 20 berühmten Städten des Reiches, Karthago könne mit Konstantinopel um den Rang der zweitwichtigsten Stadt der Welt wetteifern.

Königliche Untertanen, die am katholischen Glauben festhalten, sind grausamsten Verfolgungen ausgesetzt. Fulgentius, der berühmte Bischof von Ruspae (468 – 533), ein gebürtiger Karthager, übernimmt die Führung des Widerstandes. Der zweimal nach Sardinien verbannte Theologe ist ein strenger Anhänger der augustinischen Tradition und ein gefürchteter Polemiker.

Vandalismus in Karthago

„Die Geschichte der Vandalen beginnt in dem Augenblick, wo man sie anhand der literarischen Quellen in den Niederungen der oberen Oder und Weichsel lokalisieren kann" (Christian Courtois).

Über ihre Herkunft gibt es sehr viele Hypothesen: Vermutlich stammen die germanischen Volksstämme aus den südlichen Regionen Schwedens und Norwegens, von den dänischen Inseln und aus Jütland. Ihre Ausbreitung folgt der Expansion jener Völker und Volksstämme, die sich entlang der nördlichen und nordöstlichen Grenzen des Römischen Reiches drängen und nach jahrhundertelangen Kriegen und Spannungen Westeuropa schließlich überrennen.

Erstaunlich bleibt, daß sich die Vandalen nach der Überschreitung des Rheins und der Eroberung der gallischen Provinzen nicht in Spanien niederlassen. Einige Wissenschaftler – unter ihnen auch der französische Historiker Jérôme Carcopino – glauben an den Plan eines ehrgeizigen Feldherrn, der sie nach Nordafrika weiterziehen und Karthago zu ihrer Hauptstadt machen läßt: Dieser Feldherr ist König Geiserich.

Doch das afrikanische Reich der Germanen hält sich nur ein Jahrhundert, von 439 bis 533. Was bleibt außer der Erinnerung an die schreckliche Verfolgung der Katholiken durch die arianischen Vandalen und die Verbannung des Klerus ins Exil, ins Landesinnere oder in die Länder jenseits des Meeres?

Die jüngsten Ausgrabungen, insbesondere die Untersuchungen des kanadischen Teams unter der Schirmherrschaft der UNESCO, haben eindeutig ergeben, daß der Lebensstandard in Karthago unter der Herrschaft der Vandalen merklich sinkt. Die Mosaikböden werden nicht erhalten, einige Häuser aufgegeben. Bei Neubauten verwendet man vorwiegend rohe Ziegel, und die Böden bestehen aus gestampftem Lehm.

Sicherlich darf man die ersten Ergebnisse der Ausgrabungen nicht verallgemeinern, aber es ist dennoch bezeichnend, daß die von britischen Archäologen untersuchten Häfen von Karthago unter der Vandalenherrschaft

Die Kunst der karthagischen Mosaikwerkstätten – jener römisch-afrikanischen Kunst par excellence – blühte über Jahrhunderte. Ihre Ausstrahlung über die Grenzen Nordafrikas hinaus bleibt auch nach Errichtung des Vandalenreichs ungebrochen.

Unter den Mosaiken im Museum von Bardo findet sich eine wunderschöne Arbeit, die der Jagd gewidmet ist. Im Louvre verwahrt man ein Medaillon (oben), auf dem die Personifizierung von Karthago dargestellt ist. Es handelt sich um das Mittelstück eines 8 x 5 m großen Paviments, auf dem die vier Jahreszeiten und Mannschaften des Zirkus dargestellt sind.

vernachlässigt werden. Und doch berichten Dichter wie Luxorius vom Prunk einer wiederaufblühenden Stadt, von den täglichen Vergnügungen, den Spielen und den Rennen.

Großartige Schmuckstücke scheinen den Überfluß an Gold in der vandalischen Hauptstadt zu bestätigen. Aus dieser Epoche stammt mutmaßlich auch ein bemerkenswertes Mosaik mit dem Titel „Die Herrin von Karthago". Es zeigt in einem edelsteinbesetzten Rahmen das Bild einer weiblichen Person mit Diadem und Heiligenschein, die ein Zepter in der Hand hält. Vermutlich mündete also der Versuch, ein „germanisches Karthago" zu schaffen, in der Romanisierung der vandalischen Herrscher.

Bei den berühmten „Albertinitafeln" aus dem ausgehenden 5. Jahrhundert (unten) handelt es sich um Privaturkunden über Grundstücksverkäufe. Der in lateinischer Kursivschrift verfaßte Text ist ein Zeugnis der Geschichte der „primitiven Minuskel", aus der sich später die „karolingische Minuskel" und unsere „kleinen" Druckbuchstaben entwickelt haben.

Dies zeigt sich auch in der Literatur, denn die afrikanische Gedichtsammlung *Anthologia Latina*, die gegen Ende der Vandalenherrschaft angelegt wird, gibt trotz Nachahmungen und gewisser Züge der Gelegenheitsdichtung das Gewicht der klassischen Tradition im intellektuellen Leben von Karthago auch unter der Herrschaft von Geiserichs Nachfolgern zu erkennen.

Restaurierung in byzantinischer Zeit

Die vorher erwähnten Ausgrabungen erbrachten auch den Nachweis, daß sich nach dem Sieg des oströmischen Kaisers Justinian über die Vandalen in Karthago ein neuer Wohlstand entwickeln konnte. Die Häfen werden wieder in Betrieb genommen, und Keramikfunde zeugen von der wichtigen Rolle Karthagos als Handelsmacht im Mittelmeerraum, wobei insbesondere mit dem Orient enge Handelsbeziehungen bestehen. Der Marmorhandel und die Mosaikkunst erleben einen neuen Aufschwung. Das beweisen die Mosaikpavimente in den Kirchen, wie

Nach dem Ende des vandalischen Intermezzos bekennen sich die byzantinischen Eroberer wieder offiziell zur römischen Kontinuität. Grundriß und Organisation ihrer Kirchen folgen den früheren Programmen. Dies zeigt nicht zuletzt auch der hohe Stellenwert der Verehrung berühmter Märtyrer: Die epigraphischen Zeugnisse zu Ehren der beiden Heiligen Perpetua und Felicitas sind nicht ohne Grund in byzantinischer Zeit entstanden.

beispielsweise das Mosaik von den vier Strömen des Paradieses, das bei Bir Ftouha entdeckt wurde. Ein Fragment dieses Mosaiks, auf dem ein Hirsch und ein Reh, die aus einer Quelle trinken, dargestellt sind, wird heute im Louvre aufbewahrt.

Der Einfluß Konstantinopels spiegelt sich nicht nur in der Raumkunst wider, sondern auch in der Baukunst, wo die Verwendung von Marmor für Säulen und vor allem für Kapitelle üblich wird. Erst vor kurzem entdeckte man in der Nähe des ehemaligen römischen Forums die Fundamente einer großen Kathedrale aus byzantinischer Zeit. Doch trotz dieser Funde und Befunde ist man von einer umfassenden Kenntnis des byzantinischen Wirkens in Karthago weit entfernt, ist man kaum in der Lage, die Situation der Stadt vor der Unterwerfung durch die muslimisch-arabischen Truppen beurteilen zu können.

Die muslimischen Eroberer entscheiden sich für Tunis.

Aus der Zeit ab dem 8. Jahrhundert hat man bislang nur einige Mauern und zum Teil sehr kunstvoll verzierte Keramikarbeiten entdecken können, die natürlich nicht ausreichen, um sich eine Vorstellung vom Karthago dieser Zeit machen zu können. Wann wurde die Stadt zugunsten von Tunis, der zukünftigen Hauptstadt, aufgegeben? Auf welche Weise verschwanden die Denkmäler mit ihren reichen Verzierungen? Wird man eines Tages auf Spuren der Festung („ribat") stoßen, die Karthago vor dem Einfall der Christen geschützt haben soll? Oder auf die Überreste einiger Siedlungen? Nach dem Waffengerassel, den Liedern der Dichter und der Unruhe einer lebenshungrigen Stadt herrscht nun Stille.

„Tunis verabscheute Karthago zutiefst. Als die Ältere konnte sie der Hauptstadt ihre Größe nicht verzeihen. Vor ihren Mauern lauerte sie wie ein böses Tier, am Ufer des Meeres im Schmutz zusammengekauert, und beobachtete sie. Die Verschleppungen, Massaker und Epidemien schwächten sie nicht."

Flaubert, Salammbô

Erinnerung an Karthago

Der Autor von Salammbô schrieb nicht nur einen Roman. Flaubert hat den Namen „Karthago" wieder zum Leben erweckt, der heute – sogar in der arabischen Landessprache – die Stadt und ihre historischen Anlagen kennzeichnet.

Niemand begnügt sich mehr mit der von Dichtern besungenen Finsternis einer langen und unklaren Vergangenheit. Und obwohl die Sorglosigkeit der Menschen und die Beharrlichkeit der Natur über lange Zeit hinweg ihr Werk verrichtet haben, konnte der Zerstörung von Karthago inzwischen Einhalt geboten werden. Künftig werden Gesetze und strenge Reglementierungen das archäologische Areal schützen, das zum nationalen Kulturpark erklärt worden ist. 20 Jahre lang hat die Unecso eine internationale Rettungskampagne koordiniert, der Karthago die Aufnahme in das „Register des Welterbes" in erster Linie verdankt.

ZEUGNISSE UND DOKUMENTE

Die Stadt der Dido

Mehr als andere Mittelmeerstädte steht das historische Karthago, „Quart Hadasht" (Neue Stadt), unter einem „paradoxen" Mythos: Die griechischen und lateinischen Historiker nennen die tyrische Prinzessin Elissa als Gründerin, stellen aber zugleich den Ursprung der Stadt in eine hellenisch-römische Doppeltradition.

Dido akzeptiert den Ehevertrag mit Aeneas.

Die Intelligenz einer Frau

Der späte Bericht des Iustinus (2. Jh. n. Chr.) greift das Wesentliche dessen auf, was die Überlieferung von den Anfängen dieser von einer Frau höchster Herkunft gegründeten Stadt erhalten hat, deren „Mission das Anführen des Volkes" war, wie Pierre Grimal es richtig beschreibt.

Elissa erregte die Aufmerksamkeit der Bewohner, die von der Ankunft dieser Fremden erfreut waren, da sie darin eine Gelegenheit für Handel und gegenseitigen Austausch sahen. Schließlich akzeptiert sie ein Stück Land in der Größe von einem Rinderfell, um ihren von der langen Schiffsreise erschöpften Gefährten dort bis zur Abreise Erholung zu bieten. Dann ließ sie die Haut jedoch in sehr schmale Riemen schneiden und umgrenzte damit mehr Platz, als sie (scheinbar) verlangt hatte. Auf dieser Legende beruht der Ortsname „Byrsa" (Rind). Später kamen die Bewohner der benachbarten Orte in der Hoffnung auf Gewinn in großen Mengen, um den Fremden zahlreiche Waren zu bringen, sie siedelten sich bei ihnen an, und aus dieser Menge von Menschen entstand eine Art Stadt. Die Gesandten von Utica, die in ihnen Verwandte sahen, brachten ihnen

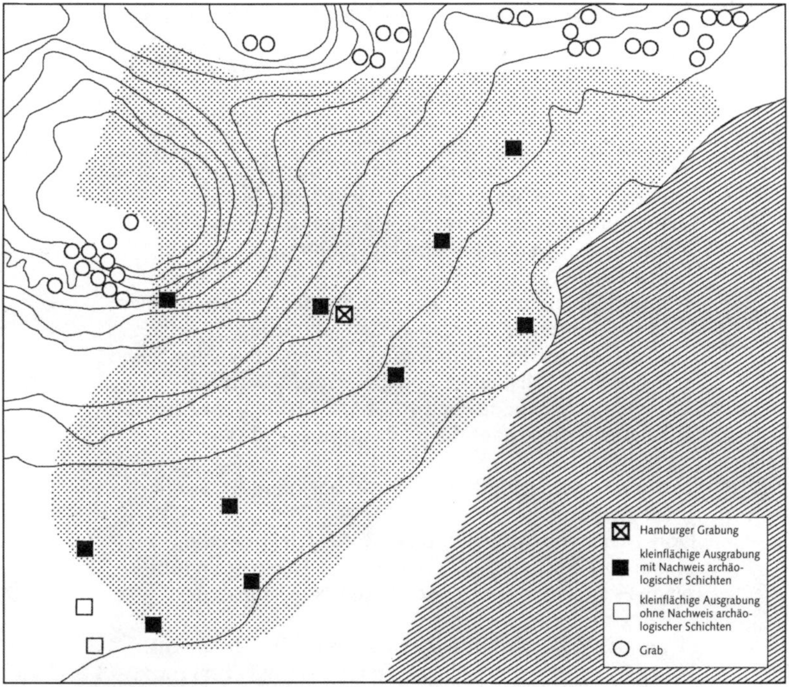

Die nach den Forschungen von S. Lancel, Fr. Rakob und H. G. Niemeyer rekonstruierte Siedlungsfläche des archaischen Karthago war mit ca. 24 ha für die Zeit beträchtlich groß.

Legende:

⊠ Hamburger Grabung

■ kleinflächige Ausgrabung mit Nachweis archäologischer Schichten

□ kleinflächige Ausgrabung ohne Nachweis archäologischer Schichten

○ Grab

ebenfalls Geschenke und bewogen sie dazu, an diesem Ort, an dem ihnen das Schicksal Asyl gewährt hatte, eine Stadt zu gründen. Auch die Afrikaner wollten die Fremden zurückhalten. Nach gegenseitigem Einvernehmen wurde so die Stadt Karthago gegründet, nachdem der jährliche Tribut, den sie für den Grund der Stadt zu bezahlen hatte, festgelegt worden war. Beim Bau der ersten Fundamente wurde ein Rinderschädel gefunden,

ein Anzeichen dafür, daß der Boden zwar fruchtbar, aber schwierig zu bestellen sei und die Stadt ewiger Sklaverei ausgeliefert. Daher verlegte man die Stadt an einen anderen Ort. Dort fand man einen Pferdeschädel, was darauf hinwies, daß das Volk kriegerisch und mächtig sein würde, und so gründete man die Stadt an diesem Ort günstiger Vorzeichen.

Justinus: XVIII, 5

Aeneas entdeckt Karthago und begegnet der Königin Dido

Im ersten Buch seiner „Aeneis" entwirft Vergil das Bild einer Stadt,
die nach der gerade erfolgten Gründung erst errichtet wird:

Staunend sieht Aeneas den Riesenbau, (...)
staunend die Tore, das Arbeitsgewühl, die gepflasterten Straßen.
Feurig gehen ans Werk die Tyrier, bauen die Mauern
hier und türmen die Burg, mit Händen wälzen sie Felsen;
Wohnplatz suchen sich andre und ziehn ringsum
   eine Furche.
Amt und Gesetz und den heiligen Rat der Alten wählt man.
Häfen schachten die einen aus, und andere legen
tief fürs Theater den Grund, wieder andere hauen aus Felsen
riesige Säulen, erhabene Zier der künftigen Bühne. (...)
„O ihr Glücklichen, da euch schon die Mauern erwachsen!"
ruft Aeneas und schaut der Stadt rings ragende Giebel.

Wuchs ein Hain inmitten der Stadt, bot freundlichen
   Schatten.
Dort zuerst von Wellen und Wind ans Ufer geworfen,
gruben ein Zeichen die Punier aus; die Herrscherin Juno
zeigte es an, eines Streitrosses Haupt: so werde den
   Kriegsruhm
zieren das Volk, jahrhundertelang, und Fülle des Lebens.
Hier ließ Dido erstehn einen ragenden Tempel für Juno; (...)
Hier im Hain bot neu sich gleich ein Erlebnis und
   nahm den
Stachel der Furcht, hier wagte zuerst auf Rettung Aeneas
wieder zu hoffen, auf Glück zu vertraun nach all seinem
   Unglück.
Denn wie am Riesentempel er rings das Einzelne anschaut,
harrend der Fürstin, wie er bestaunt den Reichtum der
   Stadt und
all das Wirken von Künstlerhand, das Werk und die Mühsal,
sieht er der Reihe nach da auf einmal Iliums Kämpfe,
Kriege, schon von der Sage gerühmt rings über den Erdkreis,
Priamus und die Atriden und, beiden grollend, Achilles. (...)

Wunderbar mußte Aeneas, dem Dardaner, dieses erscheinen:
Immer noch staunte er, hing gebannt im einzigen Anblick;
da aber nahte die Fürstin, die schönheitstrahlende Dido,
schritt zum Tempel, umdrängt von der Schar der jungen
   Begleiter.

Der Stadthügel von Karthago (Byrsa). Im Vordergrund der punische Hafen.

Wie Diana führt den Reigen am Strand des Eurotas
oder im Kynthusgebirge: es drängen die Nymphen
   der Berge
hüben und drüben heran; doch sie, geschultert den
   Köcher,
schreitet einher und hoch überragt sie die Göttinnen alle;
durch Latonas schweigende Brust bebt innige Wonne:
So war Dido, so durchschritt sie freudigen Stolzes
mitten die Schar, sie drängte zum Werk, zur künftigen
   Herrschaft.
Am Portale der Göttin, genau unterm Schilddach des
   Tempels,
ließ sie, von Waffen umwallt, auf hohem Throne sich nieder,
gab ihren Mannen Recht und Gesetz, verteilte gerechten
Maßes der Arbeiten Last.

Vergil: *Aeneis* I, 421 – 508

*Vergils Schilderung der Stadt Karthago
wird verschieden gedeutet:*

Wer sich in letzter Zeit Gedanken
gemacht hat über das Karthago, das
Vergil im ersten Buch der Aeneis
beschreibt, der hat die Auffassung
vertreten, daß der Dichter hier vielmehr diejenige Stadt im Blick hat,
die ziemlich genau in derselben Zeit
wie die Aeneis als römische Kolonie
neu entstand. Diese Meinung (…)
hat sich allgemein durchgesetzt: In
der Tat wissen wir aus anderen und
durchaus verläßlichen Quellen, daß
Augustus im Jahr 29 v. Chr. das auf
dem punischen Karthago lastende
Tabu aufhob und das alte Stadtareal
der neu gegründeten *Colonia Julia*
Concordia Carthago als Baugrund
zuwies. Vergil habe also die wesentlichen Elemente seiner Stadtbeschrei-
bung (…) vielmehr aus den aktuellen
Berichten über Planung und Errichtung des neuen römischen Karthago
gewonnen, zu denen er als Vertrau-
ter des engeren Kreises um den Impe-
rator leicht Zugang gehabt haben
mußte, ja, dies sei geradezu sein Ziel
gewesen, und insofern handele es sich
auch um eine ‚realistische' Beschreibung.

*Der archäologische Befund allerdings
spricht dagegen, denn:*

Alles in allem ist festzustellen, daß
das augusteische Karthago keine so

Karthago in punischer Zeit

rasche und jedenfalls zu Anfang auch keine so brillante Entwicklung genommen hat, wie wir annehmen müßten, wenn Vergils Karthago-Bild allein auf einer Kenntnis von aktuellen und spektakulären Entwicklungen augusteischer Urbanisations-Politik beruhte. (…) So spricht manches dafür, daß Vergil sehr wohl auch das punische Karthago im Blick gehabt hat, als er dem ersten Buch der Aeneis eine Ekphrasis der Stadt einfügte. Dies entspricht der in der Forschung allgemein akzeptierten Tatsache, daß er sich auch über die Geschichte der Stadt, insbesondere über die Gründungslegende (Dido-Legende, Pferde-Orakel) mehr oder weniger gründlich informiert hat.

Und, auch die Verse I 419f. „iamque ascendebat collem, qui plurimus urbi / imminet adversasque adspectat sesuper arces" (Bald erklommen sie den Hügel, der als höchster die Siedlung überragt und auf die Befestigungsanlagen hinabschaut) finden in der Realität ihre Entsprechung, denn:

In der Tat kann man, wenn man südlich vom 130 m ü. NN gelegenen Sidi Bou Saïd aus dem Wald tritt, auf den Byrsa-Hügel mit seinen 57 m ü. NN herabschauen.

Hans Georg Niemeyer:
Die Stadt Karthago in Vergils Aeneis
(1993)

Die Archäologie der ersten Stadt

Die Lage der archaischen Stadt war lange Zeit Gegenstand von Hypothesen und ist nur auf dem Umweg über die frühen Friedhöfe erschlossen worden. Erst die jüngsten Funde haben sie zu einer topographischen Realität werden lassen. Bemerkenswert ist die erstaunliche Ausdehnung der ersten Stadt.

Zwar warfen die jüngsten Funde (1976–1985) der französischen Archäologen ein neues Licht auf die Funktion des Südhangs des Byrsa-Hügels als Friedhof zu Beginn des 7. Jahrhunderts und ergänzten so die Karte der archaischen Friedhöfe, doch war diese Topographie im wesentlichen schon seit Jahrzehnten bekannt. Wir wissen beispielsweise, daß die ersten Grablegungen ganz im Norden der kleinen Küstenebene erfolgten: in den heutigen Ortsfluren von „Dermech" (heute in den oberen

Teilen des archäologischen Parks der Antoninus-Thermen) und „Douimès" (jenseits der Eisenbahnlinie der TGM), ebenfalls an den tiefer gelegenen östlichen Hängen des sog. Juno-Hügels. In diesen beiden Sektoren werden manche Grabbeigaben, wie bereits oben gezeigt wurde, durch griechische Keramik in das Ende des 8. Jahrhunderts datiert. Wie ebenfalls gezeigt wurde, ist nicht auszuschließen, daß manche Gräber, die nur Material der phönizischen Epoche enthalten, früheren Datums sind. Im Süden des Juno-Hügels, auf dem Byrsa-Hügel, weisen zahlreiche Grabinventare ein kaum geringeres Alter auf: Sie stammen aus der ersten Hälfte des 7. Jahrhunderts.

Ganz im Süden, am westlichen Rand des späteren Handelshafens, ergänzt die 1922 entdeckte Opferstätte des Tophet das Panorama der Grabstätten.

Bis vor wenigen Jahren konnte man nur anhand dieser Angaben auf die Lage der ersten Stadt schließen. Mit anderen Worten: möglich war ein Analogieschluß, denn man weiß, daß die Nekropolen der Zivilisationen der antiken Welt sich an den Rändern der Siedlung befanden; war die Siedlung befestigt, so befanden sie sich außerhalb der Stadtmauern. Es gibt keinen Beweis dafür, daß diese Trennung von Lebenden und Toten – ein religiöses Tabu, das beispielsweise in Athen des 6. Jahrhunderts gebrochen wurde – im semitischen Milieu nicht streng eingehalten worden wäre. Einfache praktische Gründe erlauben die Hypothese, daß der zu den Friedhöfen gehörende Siedlungsraum den ziemlich weiten Raum eingenommen hat, der von

diesen umschrieben wird. Innerhalb dessen südlicher Grenze muß sich auch der Tophet befunden haben: Dies wäre jene Stelle, an der – Justinus (VI, 6) zufolge – Elissa-Dido als Gründungsritual ihren Scheiterhaufen am äußersten Stadtrand errichtete.

Serge Lancel:
Carthage (1992)

Die ältesten Siedlungsspuren

Von 1986 bis 1993 führte ein Archäologenteam der Universität Hamburg unter der Leitung von Hans G. Niemeyer Grabungen im Stadtgebiet von Karthago durch, bei denen die bisher ältesten Spuren der phönizischen Wohn-Besiedlung aufgedeckt wurden. Die Ergebnisse sind erst in Vorberichten veröffentlicht.

Vier archaische Schichten sind es, die sich (…) erhalten haben. Schmale Fußbodenhorizonte aus einem festgetretenen hellen, kalkhaltigen Lehm trennen die einzelnen Schichten säuberlich voneinander. Ihnen lassen sich Lehmziegelkonstruktionen zuordnen, die teilweise noch in mehreren Lagen erhalten und mit ihrem ursprünglichen Wandputz versehen sind. In ihnen dürfen nun die seit mehreren Generationen gesuchten baulichen Überreste des archaischen Karthago erkannt werden (…), ist es hier in der Tat das allererste Mal, daß das früharchaische Karthago als *Siedlung* über eine größere Fläche greifbar wird.

Ein frappierender Schluß aus den Grabungen und Sondagen läßt sich allerdings schon jetzt ziehen: die Ausdehnung schon des archaischphönizischen Karthago. Die Grabungsstelle liegt ca. 290 m von der für das 8. Jh. v. Chr. rekonstruierbaren Küstenlinie entfernt, aber eindeutig nicht in einer Randzone noch gar in unmittelbarer Nähe einer Stadtmauer.

Etwa 350 m weiter in Richtung Nordosten sowie bis etwa 450 m südlich sind bei Tiefgrabungen ebenfalls archaische Siedlungsschichten angetroffen worden, insgesamt also in einer Länge von mindestens 800 m parallel zur Küste. Und was die Ausdehnung in Richtung auf den Byrsa-Hügel bzw. in das Land hinein anbetrifft, so ist auf die Gräber bzw. die Gräberfelder der archaischen Zeit zu verweisen, die nach üblichem Brauch doch wohl „extra muros" lagen.

Aus den genannten Parametern läßt sich ein bebautes Stadtareal von mindestens 25 ha erschließen, d. h. von etwa der siebenfachen Größe des gleichzeitigen, spätgeometrischen Smyrna, einer der wenigen historisch bedeutenden Griechenstädte dieser Zeit. Schon ein solcher Vergleich aber macht deutlich, daß Karthago unter den frühen mediterranen Städten einen besonderen Rang eingenommen haben muß, einen Rang, der sich im übrigen auch noch mit anderen Argumenten untermauern läßt.

Kaum zufällig ist Karthago der einzige Ort unter den zahlreichen phönizischen Niederlassungen im westlichen Mittelmeerraum, zu dem eine ausführliche Gründungslegende überliefert ist. Der vom märchenhaft-romantischen Rankenwerk umgebene historische Kern dieser Legende bietet den Schlüssel zum Verständnis der Besonderheiten Karthagos, die sich dann auch an der herausragenden

Bedeutung dieser Stadt in den späten Jahrhunderten ablesen lassen. (...)

Von Bedeutung ist, daß wir aus der Dido-Überlieferung etwas über die soziale Gliederung der ersten Siedler von Karthago erfahren können, die anders als wohl in fast allen übrigen phönizischen Niederlassungen im fernen Westen als eine vielschichtige und vollständig strukturierte Bevölkerung anzusehen ist, d. h.: Wir haben es hier nicht allein mit Handelsagenten, Lagerverwaltern, Kauffahrern, Matrosen, Soldaten und Sklaven zu tun, sondern zugleich auch mit einer adeligen Oberschicht. Und nur eine solche politisch bewußte und in Regierungsgeschäften nicht unerfahrene Aristokratie konnte eine entsprechende staatsbildende Dynamik entfalten, die dann die weitere historische Entwicklung der Stadt Karthago vorantreiben sollte. (...)

Geographie und nautische Topographie liefern uns weitere einschlägige Hinweise auf die Sonderstellung der Stadt (...): „Drei sichere Häfen gibt es am Mittelmeer, Juni, Juli und Karthago", so soll der Fürst Andrea Doria (1468–1560) gesagt haben, und als Admiral der venezianischen Galeerenflotte dürfte er gewußt haben, wovon er sprach.

Viele und gerade Seefahrern vermutlich altbekannte Gründe also gab es, sich in Karthago niederzulassen, und sicherlich ebenso viele, warum unter den phönizischen Gründungen an den Küsten des Mittelmeers gerade diese Stadt alsbald eine so herausragende Stellung einnehmen sollte.

Hans Georg Niemeyer:
Karthago, Stadt der Phönizier am Mittelmeer (1990)

Ein Stadtstaat mit Modellcharakter

Die Autoren des griechischen und römischen Altertums waren sich, trotz mancher Kritik im einzelnen, darin einig: Die Karthager besaßen eine gute Staatsverfassung! Sie war vom Typus der sog. gemischten Verfassung. Diese „constitutio mixta", die durch monarchische, aristokratische und demokratische Elemente gekennzeichnet ist, wurde von den Staatstheoretikern seit Platon (427 – 347 v. Chr.) besonders hoch eingeschätzt, – in Karthago war sie Wirklichkeit.

Rekonstruktion eines punischen Frieses

Zwei Stimmen zu Karthago

Der griechische Philosoph Aristoteles äußert sich in seinem Werk „Über das Staatswesen" über die Karthager:

Es gelten aber auch die Karthager dafür, daß sie eine gute Verfassung haben, die sich (…) in vielen Stücken auszeichnet (…), und es ist ein Zeichen einer wohlgeordneten Verfassung, daß das Volk gutwillig bei der Staatsform verharrt und daß weder ein nennenswerter Aufstand vorgekommen ist, noch ein Tyrann. (…)

Am meisten jedoch schlägt die Staatsform der Karthager von der Aristokratie zur Oligarchie über infolge einer Ansicht, die den Beifall der meisten Leute findet: Sie glauben nämlich, daß die Beamten nicht bloß mit Rücksicht auf die Tüchtigkeit, sondern auch auf den Reichtum zu wählen seien; denn der Dürftige könne unmöglich in rechter Weise ein Amt verwalten und Muße haben. (…) Sie wählen nämlich mit Rücksicht auf diese beiden Punkte, und zwar vor allem die Inhaber der höchsten Ämter (…).

Obgleich nun aber die Verfassung der Karthager oligarchisch ist, entgehen sie doch einem Aufstand aufs beste dadurch, daß sie das Volk bereichern, (…) hierdurch nämlich schaffen sie Abhilfe für die Übelstände ihrer Verfassung und geben ihr Bestand.

Aristoteles:
Politeia 2, 11,
p. 1272 b – 1273 b

Der römische Historiker Polybios lobt die Verfassung der Karthager mit folgenden Worten:

Karte Karthagos im Jahr 607

Der karthagische Staat scheint mir in alter Zeit nach seinen charakteristischen Wesenszügen vortrefflich geordnet gewesen zu sein. Es gab dort Könige, der Rat der Alten übte eine aristokratische Gewalt, und das Volk hatte die Entscheidung in allen Dingen, die ihm zustanden. Kurz, das Verhältnis zwischen den einzelnen Teilen und ihr Zusammenspiel war ähnlich wie in Rom und Sparta. In der Zeit aber, als sie in den Hannibalischen Krieg eintraten, war die karthagische Verfassung schlechter, die römische besser. Denn da es überall, im Organismus, in der Verfassung, in Handeln von Natur Wachstum, einen Scheitelpunkt, dann ein Absinken gibt und alles auf seinem Höhepunkt am besten und kraftvollsten ist, so war es eben der Punkt in dieser Entwicklungskurve, worin sich beide Staaten voneinander unterschieden. Da nämlich der karthagische Staat früher zu seiner höchsten Blüte und Macht gekommen war, hatte er damals auch schon den Höhepunkt überschritten, während Rom in seiner staatlichen Ordnung ihn gerade zu dieser Zeit erreicht hatte. Daher hatte den maßgebenden Einfluß bei allen Entscheidungen in Karthago bereits das Volk erlangt, in Rom hatte ihn noch der Senat. Da infolgedessen dort die Menge beriet und Beschlüsse faßte, hier die Besten, waren die römischen Entscheidungen in allen politischen und militärischen Fragen denen der Karthager überlegen. So kam es, daß jene trotz vernichtender Niederlagen am Ende doch durch ihre richtigen Maßnahmen den Krieg gegen Karthago gewannen.

Polybios:
Geschichte VI, 51

Die Karthager: Künstler von hohen Gnaden

Dem semitischen Orient verdankt Karthago Techniken und Motive wie den heiligen Baum, die Scheibe, die Mondsichel, den Stern, die Palmette, den „Baitylos", den Thron, Körperhaltung und Gesten, Lebensweise, Kleidung, die Jagd, den Kampf mit Raubtieren, das Prinzip der heraldisch-symmetrischen Komposition. Über Phönizien, insbesondere über Tyros gelangte eine achämenidische Strömung ins westliche Mittelmeer: So ähnelt die Haartracht des Priesters mit Kind auf der Bardo-Stele jener von bestimmten Figuren auf den Reliefs von Persepolis. Tyrische Münzen mit dem Bild des auf dem Seepferd reitenden Melqart überlieferten den Karthagern das Motiv des Meeresreiters, das noch in Kerkouane in

▲ ▶   Punische Flachreliefe aus Elfenbein mit ägyptisierenden Themen

Tunesien und in Tamuda in Marokko belegt ist. Dem semitischen Orient entlehnt Karthago die Bilderzählung, wie wir sie auf der Schale aus Palästina und an den Wänden der Grabkammer VIII von Jebel Mlezza beobachtet haben. Ägypten ist in der punischen Welt präsent durch seine Religion, seine zahlreichen Gottheiten sowie durch seine architektonischen Formen wie das berühmte, „ägyptische Kehle" genannte Gesims und sein ikonographisches Repertoire, zu welchem die Lotusblüte (...), die geflügelte Scheibe, die Hieroglyphen und Skarabäen gehören.

Nach der Schlacht von Himera im Jahr 480 v. Chr. öffnete sich Karthago zweifellos den vielfältigen Einflüssen

der griechischen Kultur. Es entlehnte sowohl technische Verfahren als auch bildnerische Formen: den Dreiecksgiebel, die ionische oder dorische Säule, Perlen und Kreisformen, Äskulapstab, Kantharos und Weinranke. Außerdem übernahmen die Punier Gottheiten und Ungeheuer wie Triton, Scylla, Gorgo und andere.

Auch Afrika trug seinen Teil bei: Sein Glauben und seine Bilderwelt, wie Dreiecks- und Rautenfriese und Rundtänze, deren Ursprünge in der Felsenmalerei der Steinzeit zu suchen wären, finden sich an den bemalten Wänden so mancher punischer Felskammergräber. Der afrikanische Beitrag ist sogar in der Formenwahl spürbar. (...)

Der große Reichtum des Mittelmeerraums behinderte die Karthager jedoch keineswegs in ihrer eigenen Kreativität. Der Bildhauer der Karthago-Stele wagte es, den traditionellen symbolischen Formenkanon zu verlassen und bezog seine Inspiration aus dem Alltag, aus der Tier- und Pflanzenwelt, aus Handwerk und Baukunst. Erst bei näherer Betrachtung von solchen Werken wie der sog. Stelzvogel-Stele, der Knabenstele oder auch der Stele mit Priester und Kind wird deren kreative Originalität erkennbar. Schöpferisch fruchtbar waren die Ziseleure, denen wir die verzierten Kultmesser verdanken, die Goldschmiede, aus deren Werkstätten kunstvolle Amulett-Anhänger und Skarabäen stammen.

M'hamed Hassine Fantar:
Carthage, les arts et les lettres
(1991)

Das Moloch-Opfer: Wahrheit und Legende

Ob denn die Nachrichten, wonach die Karthager ihre Kinder in einem „Molk"/Moloch-Opfer dem Gott Ba'al Hammon dargebracht haben, wirklich zutreffen, diese Frage hat moderne wie antike Geschichtsschreiber beschäftigt. Manche haben darin den Grund für die „mangelnde Entwicklung intellektueller und künstlerischer Fähigkeiten" bei den Karthagern gesehen. Die Diskussion darüber ist noch im Gange ...

Der Gott Moloch; Illustration von Morin-Jean

Das Mordtal des Propheten

Der Prophet Jeremias beklagt das Eindringen fremder, kanaanäischer bzw. phönizischer Kulte in Israel:

Mit dem Blut Unschuldiger haben sie diesen Ort angefüllt. Sie haben dem Baal eine Kulthöhle gebaut, um ihre Söhne als Brandopfer für den Baal im Feuer zu verbrennen, was ich nie befohlen oder angeordnet habe und was mir niemals in den Sinn gekommen ist. Seht, darum werden Tage kommen, da wird man diesen Ort nicht mehr Tofet oder Tal Ben-Hinnom nennen, sondern Mordtal.
Jeremias 19, 4 – 6

Das Urteil der Wissenschaft: zwischen nüchternen Fakten und Schauerphantasien

Als im Zuge der sizilischen Kriege Agathokles, Feldherr und Tyrann von Syrakus, nach Nordafrika übersetzte und nach der erfolgreichen Schlacht bei Tunis bedrohlich vor den Mauern Karthagos stand, sahen die bestürzten Karthager nach Diodorus Siculus (XX, 14) im eigenen frevelhaften Verhalten die Ursache. Im folgenden die Urteile dreier Gelehrter des 19. Jahrhunderts:

Augenscheinlich [war es] der Zorn der vernachlässigten Götter, der das Unglück heraufbeschworen und der versöhnt sein wollte (...), auch Kronos (Baal-Moloch) in Karthago selbst hatte Ursache zum Groll. Es war vorgekommen, daß vornehme Familien anstatt ihrer zum Opfer für ihn bestimmten Söhne gekaufte, fremde

Kinder dargebracht hatten. Jetzt wurden, um das Vergehen zu sühnen, 200 Kinder der hervorragendsten Häuser ausgewählt und geopfert; 300 junge Leute, die im Verdacht standen, auf jene Weise dem Gott entzogen worden zu sein, brachten sich ihm noch außerdem zur Sühne dar.

Otto Meltzer:
Geschichte der Karthager
(1879)

Vor allem im Frühjahr, wenn die wieder erstarkende Sonne zu Bild und Zeichen für die Wiedergeburt des Universums wurde, errichtete man in Tyros, in Karthago, vielleicht auch in allen anderen Städten einen Scheiterhaufen, von dem aus sich ein Adler, eine Nachahmung des ägyptischen Phönix, aus den Flammen zum Himmel erhob. Diese Flamme war Moloch selbst. Dieser gefräßige Gott forderte Menschenopfer. Gern umschlang er Kinder mit seinen gierigen Zungen; unterdessen verhinderten es die ekstatischen Tänze, die Gesänge in den rauhen Sprachen Syriens und die schneller werdenden Schläge des groben Tamburins, daß die Eltern die Schreie hörten.

Die Karthager scheinen wie die Phönizier, von denen sie abstammten, ein schwermütiges, trauriges Volk gewesen zu sein, sinnlich und habgierig, abenteuerlustig, jedoch ohne Heldenmut. Die Religion in Karthago war grausam und von abscheulichen Gebräuchen geprägt. In Zeiten allgemeiner Not waren die Mauern mit schwarzen Tüchern verhüllt. Als der sizilische Tyrann Agathokles Karthago belagerte, wurden fast zweihundert Kinder geopfert, und dreihundert

Erwachsene warfen sich danach noch in die Flammen der im Innern leuchtend roten Baal-Statue.

Jules Michelet:
Histoire de la République romaine
(1866)

Wie aber verhält es sich mit den neuerdings im Tophet von Karthago neben den Kinderskeletten festgestellten Knochen von Schafen oder Ziegen?

In den späteren Zeiten des Altertums war es eine ganz allgemeine Anschauung (…), daß die ältesten kultischen Bräuche eigentlich ein Menschenopfer erforderten und daß die Tieropfer ein Ersatz für das Leben eines Menschen waren. (…) So tritt die Anschauung, daß das Tieropfer an die Stelle des älteren Menschenopfers getreten sei, bei den Hebräern in der Geschichte von Isaaks Opferung hervor, ferner bei den Phöniziern, (…) und ebenso auch bei den Griechen, den Römern und zahlreichen anderen Völkern. (…) Sobald aber die Annahme zur Geltung kam, daß die Tiere nur ein Ersatz seien, (…) war die natürliche Folgerung, daß die ursprüngliche Form des Opfers auch mächtiger und bei allen gegebenen Anlässen die gegebene sei. Wo immer wir die Lehre finden, daß das Leben eines Tieres als Ersatz für das eines Menschen eintrete, finden sich auch Beispiele von wirklichen Menschenopfern, die bisweilen auf die Zeiten der äußersten Gefahr beschränkt sind, bisweilen aber auch als feierliche Riten alljährlich geübt wurden.

W. Robertson Smith:
Die Religion der Semiten
(1899)

Flauberts Kinder-Opfer

Für die Romantiker und ihre Nachfolger wurde die Stadt der Dido zu einer fortwährende Quelle der Inspiration. Mit seiner phantasievollen Schilderung des Kinder-Opfers prägt Gustave Flauberts Roman „Salammbô" mehr als 100 Jahre nach seiner Erstveröffentlichung noch das Bild über die punische Metropole.

Endlich fuhr der Hohepriester Molochs mit der linken Hand unter die Schleier der Kinder und riß ihnen eine Haarsträhne aus der Stirn, die er in die Flammen warf. Dann stimmten die Männer in den roten Mänteln den heiligen Hymnus an: „Heil dir, o Sonne! König beider Zonen! Schöpfer, der sich selbst erzeugt! Vater und Mutter, Vater und Sohn, Gott und Göttin, Göttin und Gott!"

Ihre Stimmen verloren sich im lauten Gedröhn der Instrumente, die alle gleichzeitig einsetzten, um die Schreie der Opfer zu ersticken. Die achtsaitigen Scheminiths, die zehnsaitigen Kinnors und die zwölfsaitigen Nebals kreischten, pfiffen und donnerten. Riesige, mit Röhren gespickte Schläuche erzeugten grelle Schnalztöne. Tamburine, die aus Leibeskräften geschlagen wurden, erdröhnten unter dumpfen Wirbeln, und trotz des wütenden Geschmetters der Hörner waren die Salsalim wie das klappernde Geraschel von Heuschreckenflügeln zu hören.

Die Tempeldiener öffneten mit einem langen Haken die sieben übereinanderliegenden Fächer im Körper des Baals. Die oberste Abteilung füllte man mit Mehl, in die zweite setzte man zwei Tauben, in die dritte einen

Illustration aus einer „Salammbô"-Ausgabe der Jahrhundertwende

Affen, in die vierte brachte man einen Widder, in die fünfte ein Schaf; und da man für die sechste keinen Ochsen zur Verfügung hatte, warf man eine gegerbte Haut hinein, die dem Heiligtum entnommen war. Das siebente Fach blieb weit offen stehen.

Bevor man jedoch weiteres unternahm, empfahl es sich, die Arme des Gottes auszuprobieren. Dünne Kettchen führten von seinen Fingern zu den Schultern hinauf und fielen dann hinten wieder herab, wo Männer an ihnen zogen und seine geöffneten Hände bis in Ellbogenhöhe emporsteigen ließen, so daß sie einander näher kamen, bis sie sich vor seinen

Bauch legten. Sie bewegten sich einige Male in kleinen, ruckartigen Stößen hin und her. Dann schwiegen die Instrumente. Das Feuer fauchte.

Die Molochpriester wandelten auf dem großen Steinsockel auf und ab und ließen ihre Blicke prüfend über die Volksmenge schweifen.

Es bedurfte eines persönlichen, eines völlig freiwilligen Opfers, das für andere ein Ansporn sein sollte. Bis jetzt trat aber niemand vor, und die sieben Gänge, die von der Gitterschranke zum Koloß führten, waren vollständig leer. Um das Volk zu ermutigen, zogen die Priester spitze Pfriemen aus ihren Gürteln und zerfurchten sich damit das Gesicht. Man ließ die Geweihten, die draußen ausgestreckt auf der Erde lagen, in die Umzäunung eintreten. Man warf ihnen ein Bündel schrecklicher, verrosteter Eisenwerkzeuge hin, und jeder wählte sich seine Folter selbst. Sie stießen sich Spieße in die Brust, schlitzten sich die Backen auf, drückten sich Dornenkränze auf den Kopf. Dann umfaßten sie sich mit den Armen und bildeten um ihre Kinder einen zweiten, größeren Kreis, der sich bald zusammenzog, bald weitete. Sie kamen bis an das Gitter heran, warfen sich wieder zurück und begannen immer wieder von neuem, wodurch sie die Menge in den Bann dieses Taumels voller Blut und Schreie lockten.

Nach und nach traten Leute bis ans Ende der Gänge. Sie warfen Perlen, goldene Gefäße, Schalen, Leuchter, alle ihre Reichtümer in die Flammen. Die Opferspenden wurden immer zahlreicher und kostbarer. Schließlich stieß ein taumelnder, bleicher, von

Angst entstellter Mann ein Kind vor sich her, und dann sah man in den Händen des Kolosses eine kleine, schwarze Masse, die in der finsteren Öffnung verschwand. Die Priester verneigten sich am Rand der großen Steinplatte, und wieder erscholl ein Gesang, der die Freuden des Todes und die Wiedergeburt in der Ewigkeit verherrlichte.

Die Kinder stiegen langsam empor, und da der Rauch im Aufsteigen hohe Wirbel bildete, schien es von weitem, als verschwänden sie in einer Wolke. Keines rührte sich. Sie waren an den Hand- und Fußgelenken gefesselt, und da sie in dunkle Schleier gehüllt waren, konnten sie

Der Gott Moloch; Radierung von Rochegrosse aus dem Jahr 1900

weder selbst etwas sehen noch erkannt werden.

In rotem Mantel wie die Molochpriester, stand Hamilkar aufrecht vor dem Baal, nahe der großen Zehe seines rechten Fußes. Als man das vierzehnte Kind herbeibrachte, sah jeder in der Menge, daß er eine heftige Gebärde des Abscheus machte. Er gewann aber rasch seine Haltung wieder, verschränkte die Arme über der Brust und sah zu Boden. Auf der anderen Seite der Statue stand, ebenso bewegungslos wie er, der Hohepriester. Er senkte sein mit einer assyrischen Mitra bedecktes Haupt und betrachtete die von magischen Steinen übersäte, goldene Platte auf seiner Brust, auf der sich die Flamme in Regenbogenfarben spiegelte. Er wurde blaß vor Erregung. Hamilkar neigte sein Haupt. Sie waren beide dem Scheiterhaufen so nahe, daß der Saum ihrer wehenden Mäntel ihn hin und wieder streifte.

Die erzenen Arme arbeiteten rascher und bald ohne Unterbrechung. Jedesmal, wenn man ein Kind darauf legte, streckten die Molochpriester die Hand darüber aus, um es mit den Freveltaten des Volkes zu belasten, und schrien: „Das sind keine Menschen, sondern Ochsen!" Und die Menge ringsum wiederholte: „Ochsen! Ochsen!" Die Gläubigen riefen: „Herr, verzehre sie!" und die Priester der Proserpina, die sich in ihrem Entsetzen den Belangen Karthagos anpaßten, murmelten die eleusische Formel: „Gieße Regen aus! Gebäre!"

Kaum hatten die Opfer den Rand der Öffnung erreicht, verschwanden

Der Tophet von Kartago

sie wie ein Wassertropfen auf einer glühenden Platte, und weißer Rauch stieg in den scharlachroten Flammenhimmel auf.

Gustave Flaubert:
Salammbô
(1862)

Das Kinder-Opfer: Realität oder Fiktion?

Der italienische Historiker Sabatino Moscati, der sich um die Rehabilitierung der Phönizier und Karthagos verdient gemacht hat, verwahrt sich entschieden gegen die historiographische und literarische Tradition.

Vor etwas mehr als einem halben Jahrhundert veröffentlichte der deutsche Forscher Otto Eissfeldt eine heute berühmte Monographie unter dem Titel „Molk als Opferbegriff im Punischen und Hebräischen und das Ende des Gottes Moloch". Das Ende des Gottes Moloch: Eissfeldt vertrat mit Nachdruck die These, daß ein Gott Moloch nicht existiert habe und daß er aus einer einfachen Wortverdrehung des verbreiteten „molk" entstanden war, eines Begriffs, der (im Phönizisch-Punischen) den Opferritus bezeichnete.

Nachdem nun schon der Gott Moloch verschwunden ist, möchte ich heute vorschlagen, eine weitere, nicht minder gravierende Vorstellung zu verabschieden: den Ritus zu Ehren dieser Gottheit, der von vorn bis hinten erfunden ist und doch sowohl Gemeinplatz als auch Gegenstand der Abscheu geworden war: den blutigen Ritus des Kindermords. (…)

Zweifellos wird nun eine Diskussion beginnen (…). Angesichts des heutigen Forschungsstandes scheint es mir jedoch schwerlich haltbar, daß das Bildnis der blutigen Gottesstatue, deren Arme die unschuldigen Körper der geopferten Kinder ins Feuer werfen, entsprechend der mehr oder weniger erfundenen und seit langem weitgehend akzeptierten Rekonstruktion, weiterhin unbestritten unsere Vorstellung beherrschen soll. (…)

Was den Ritus des Menschenopfers betrifft, so ist es eine Tatsache, daß er kaum global und systematisch Anwendung fand, sondern in direktem Zusammenhang mit den am Tophet gemachten Entdeckungen gesehen werden muß, wenngleich, wegen der Besonderheiten der punischen Religion, Kinderopfer nicht ausgeschlossen werden können. Die Hypothese, daß solche Handlungen einzig und allein Neugeborene betrafen oder aber ein bizarres System der Geburtenkontrolle darstellten, wäre noch weniger haltbar.

Sabatino Moscati/
Sergio Ribichini:
*Il sacrifico punico dei fanciulli,
realtà o invenzione?*
(1987)

Wie sich die Wissenschaft auch immer entscheiden mag, schwerlich wird die bluttriefende Götterstatue, von deren Armen die unschuldig geopferten Kinder ins Feuer herabrutschen, auch künftig noch unser Bild vom antiken Karthago bestimmen können.

Sabatino Moscati:
*Gli adoratori del Moloch.
Indagine su un celebre rito Cartaginese*
(1991)

Die Expedition des Hanno

Nach der schriftlichen Über-lieferung der Antike war der Atlantik eindeutig eine Domäne der Phönizier. Puni-sche Schiffe durchquerten die Straße von Gibraltar, segelten entlang der Küsten nach Tartessos (im Südwesten Spa-niens) und bis zu den sagen-umwobenen Kassiteriden, von denen man das Zinn bezog. Nicht nur dem Handel mit Metallen diente die Reise: Man suchte Siedlungsgebiete auch an der Atlantikküste Afrikas.

Münze mit der Darstellung eines phönizi-schen Schiffes

Der Reisebericht des Karthager-königs Hanno

Trotz aller philosophischen, historischen und geographischen Kontroversen, die der Periplus des Hanno auslöste: gerecht wird man diesem Text nicht aus archäo-logischer Sicht, sondern unter dem Blick-winkel karthagischer Ideengeschichte und karthagischer Mentalität.

Die Karthager beschlossen, daß Han-non die Säulen des Herakles passieren und karthagische Städte gründen sollte. Er stach mit sechzig Schiffen zu jeweils fünfzig Ruderern in See und führte ungefähr 30 000 Männer und Frauen, Proviant und andere notwen-dige Dinge mit: Nachdem wir die Säu-len des Herakles durchfahren hatten und von dort aus noch weitere zwei Tage gesegelt waren, gründeten wir die erste Stadt mit Namen Thymiaterion: sie war von einer weiten Ebene um-geben. Danach wandten wir uns gen Westen und gelangten nach Soloeis, einem mit Wäldern bedeckten Vor-gebirge Libyens; nachdem wir dort einen Poseidon-Tempel errichtet hat-ten, nahmen wir die Fahrt in Richtung der aufgehenden Sonne wieder auf und erreichten nach einem halben Tag eine unweit des Meeres gelegene Lagune, die von üppig wucherndem Schilfrohr bedeckt war. Elefanten und viele andere Tiere lebten dort. Nach-dem wir die Lagune hinter uns gelas-sen hatten und einen weiteren Tag ge-segelt waren, gründeten wir am Meer Siedlungen namens Karische Mauer, Gytté, Acra, Melitta und Arambys.

Nachdem wir diese Orte verlas-sen hatten, kamen wir an den großen Fluß Lixos, der aus Libyen kommt.

Die Triere des punischen Seefahrers Hamilkar

An seinem Ufer ließen Nomaden, die Lixiten, ihre Herden weiden. Wir blieben einige Zeit bei diesen Leuten und wurden Freunde.

Unweit von ihnen lebten die ungastlichen Äthiopier in einer von großen Gebirgen durchzogenen Ebene mit vielen wilden Tieren, wo der Lixos entspringen soll. Es wird ebenfalls berichtet, daß in diesen Gebirgen eigenartige Menschen, die Troglodyten (Höhlenbewohner) leben sollen. Die Lixiten behaupten, daß sie schneller als Pferde laufen können. Nachdem wir von den Lixiten Übersetzer mitgenommen hatten, reisten wir zwei Tage lang entlang der Wüste in Richtung Süden und dann einen Tag lang in Richtung der aufgehenden Sonne.

In der Bucht eines kleinen Golfes fanden wir schließlich eine kleine Insel, die einen Umfang von fünf Stadien hatte; wir gaben ihr den Namen Cerné und ließen dort Siedler zurück. Nach unseren Logbüchern kamen wir zu der Überzeugung, daß sie gegenüber von Karthago liegen mußte, da die Schiffsreise von Karthago zu den Säulen ebenso lange dauerte wie die Reise von den Säulen nach Cerné. Von dort aus gelangten wir nach dem Überqueren eines großen Flusses, des Chretus, an einen See, in dem sich drei Inseln befanden, die größer waren als Cerné. Wir verließen die Inseln und kamen nach einem Tag

Schiffsreise an einen See, der vor sehr hohen Bergen lag, die von wohlriechenden, vielfarbigen Bäumen bestanden waren. Nachdem wir diese Berge zwei Tage erkundet hatten, kamen wir an einen riesigen Golf. Nachdem wir uns mit Wasser versorgt hatten, setzten wir unsere Reise auf dem Lande für fünf Tage fort und kamen an einen großen Golf, der nach Auskunft der Übersetzer das „Horn des Abendlands" genannt wurde. In diesem Golf lag eine große Insel, deren Lagune eine weitere Insel einschloß.

Als wir hinabstiegen, sahen wir des Tags nur Wald; des Nachts aber sahen wir viele Lichter; wir hörten Flöten- und Zimbelklänge, Tamburine und sehr großen Lärm. Die Furcht ergriff uns, und die Wahrsager rieten uns, die Insel zu verlassen.

Wir verließen in Eile diesen Ort und durchquerten eine glühende Landschaft voller Düfte; Flammen stiegen empor und fielen ins Meer. Der Boden war wegen der Hitze nicht zu betreten. Von Furcht erfaßt, zogen wir uns schnell zurück. Während der viertägigen Schiffsreise sahen wir des nachts die Erde von Flammen bedeckt; das höchste Feuer befand sich in der Mitte, und es schien die Sterne zu berühren. Bei Tage erkannten wir, daß dies ein großer Berg mit Namen „Gotteswagen" war.

Von dort aus fuhren wir drei Tage an den Flammen entlang und kamen zu einem Golf namens „Südliches Horn".

Modell eines phönizischen Schiffes

Der Ruinenhügel der phönizischen Niederlassung Lixos an der Atlantikküste

In einer Bucht lag eine Insel, die der ersten ähnelte und ebenfalls einen See besaß, in dem eine weitere, von Wilden bewohnte Insel lag. Die Frauen waren am zahlreichsten. Sie hatten einen behaarten Körper und wurden von den Übersetzern Gorillas genannt. Wir jagten die Männer, ohne daß es uns jedoch gelang, einen zu fangen, da sie gute Kletterer waren und sich zu wehren wußten. Wir bemächtigten uns jedoch dreier Frauen. Sie bissen und kratzten jene, die sie gefangen hatten, und wollten ihnen nicht folgen. Wir töteten sie, zogen ihnen die Haut ab und brachten sie nach Karthago. Mangels Proviant reisten wir nicht mehr weiter.

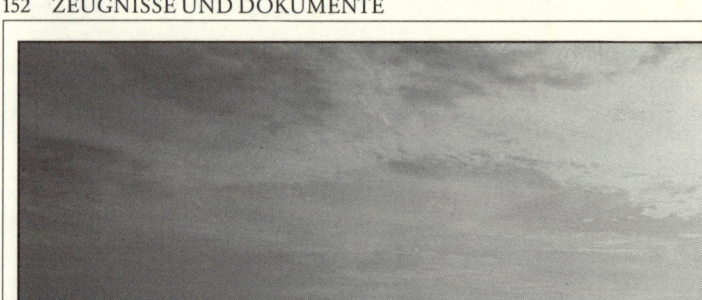

Das Felseiland Mogador, eine der sog. Purpur-
inseln vor der marokkanischen Atlantikküste,
vor dem heutigen Essaouira

Über diesen Bericht

*Die heute noch lebhafte Kontroverse über
die Reise Hannos (sie ist der Nachwelt
dank eines griechischen Textes überliefert,
der in einer Heidelberger Handschrift
aus dem 9. Jahrhundert festgehalten
wurde) geht nicht nur um den Zeitpunkt
dieser seefahrerischen Heldentat, sondern
vor allem darum, ob eine solche Schiffsreise entlang der afrikanischen Atlantikküste überhaupt möglich war. Der Historiker Jehan Desanges hat nach genauem
Studium der Quellen sowie der philo-
logischen, archäologischen und historischen Daten zu einer angemessenen
Beurteilung dieses Berichts gefunden.*

In dieser wie durch ein Wunder erhaltenen griechischen Textfassung über
eine karthagische Erkundungsreise
scheinen Märchen und hellenische
Spekulation sich die Waage zu halten.
Zweifellos ist es noch immer erlaubt,
an die tatsächliche Reise des echten
Hanno zu glauben, die aus einer nur
wenig bekannten Epoche überliefert
ist, in der Karthago auf dem Gipfel
seiner Macht war: *Carthaginis potentia
florente, Punicis rebus florentissimis*
(Plinius der Ältere, Naturgeschichte II,
169).

Jehan Desanges:
Le Périple d'Hannon
(1978)

Karte zum Periplus des punischen Königs und Seefahrers Hanno

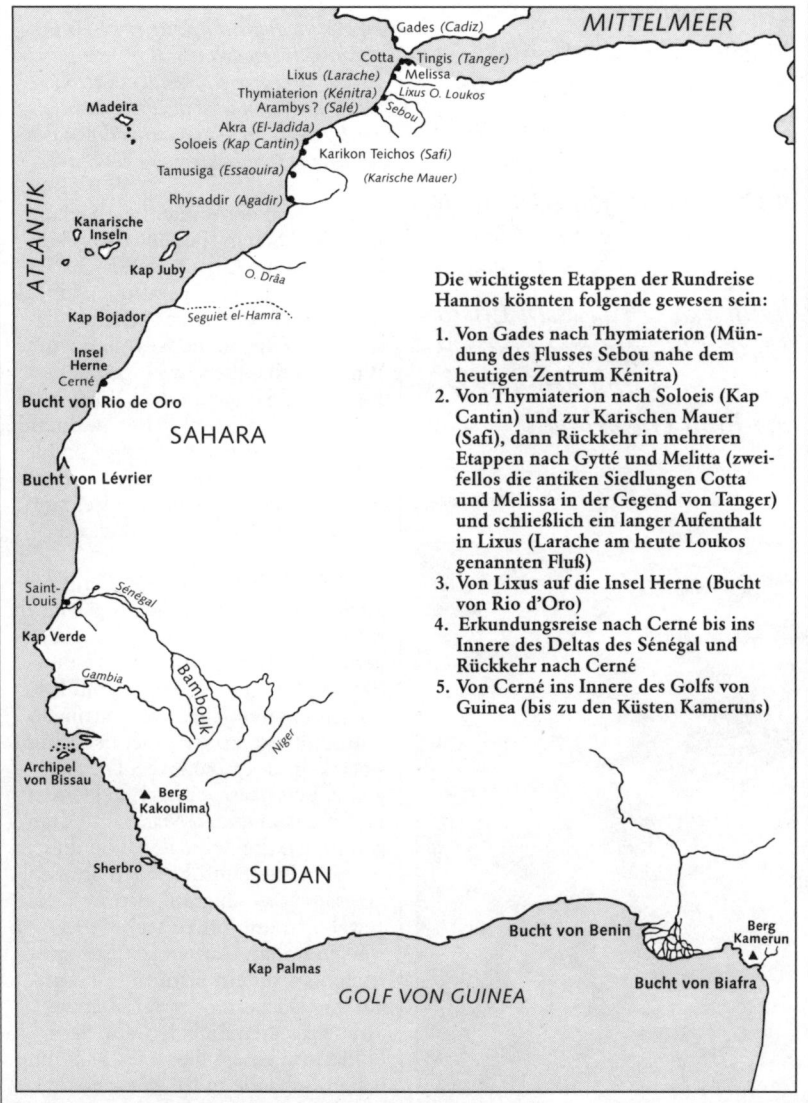

Die wichtigsten Etappen der Rundreise Hannos könnten folgende gewesen sein:

1. Von Gades nach Thymiaterion (Mündung des Flusses Sebou nahe dem heutigen Zentrum Kénitra)
2. Von Thymiaterion nach Soloeis (Kap Cantin) und zur Karischen Mauer (Safi), dann Rückkehr in mehreren Etappen nach Gytté und Melitta (zweifellos die antiken Siedlungen Cotta und Melissa in der Gegend von Tanger) und schließlich ein langer Aufenthalt in Lixus (Larache am heute Loukos genannten Fluß)
3. Von Lixus auf die Insel Herne (Bucht von Rio d'Oro)
4. Erkundungsreise nach Cerné bis ins Innere des Deltas des Sénégal und Rückkehr nach Cerné
5. Von Cerné ins Innere des Golfs von Guinea (bis zu den Küsten Kameruns)

Carthago delenda est

Die Zerstörung der einst mächtigen Hafenstadt, ihr dramatisches Schicksal, das Schriftsteller tief beeindruckte, scheint von Anfang bis Ende die Geschichte der Metropole zu prägen: von ihrer Gründung – und dem Scheiterhaufen der Prinzessin Elissa-Dido – bis zur grausamen Zerstörung und dem Opfer der Frau Hasdrubals.

Illustration von Rochegrosse zu dem Roman „Salammbô" von Gustave Flaubert

Die letzten Stunden der punischen Metropole

Der Dritte Punische Krieg (149–146 v. Chr.), angezettelt von Rom aus Furcht vor dem wiedererstarkenden Karthago, führte nach zunächst wechselndem Kriegsglück zwei Jahre später zur völligen Einschließung und Belagerung der Stadt.

Darüber war der Winter herangekommen, und Scipio (Publius Cornelius S. Aemilianus Africanus, 185–129 v. Chr.) stellte die Operationen ein, es dem Hunger und der Seuche überlassend, das Begonnene zu vollenden. Wie furchtbar die Gewaltigen des Herrn inzwischen an dem Vernichtungskrieg gearbeitet hatten, während Hasdrubal freilich fortfuhr zu prahlen und zu prassen, zeigte sich, sowie im Frühling 146 das römische Heer zum Angriff gegen die innere Stadt überging.

Hasdrubal ließ den Außenhafen anzünden (…), aber Laelius gelang es, weiter aufwärts die von der ausgehungerten Besatzung kaum noch verteidigte Mauer zu übersteigen und bis an den inneren Hafen vorzudringen. Die Stadt war erobert, aber der Kampf noch keineswegs zu Ende. Die Angreifer besetzten den an den kleinen Hafen anstoßenden Markt und drangen in den drei schmalen, von diesem nach der Burg zu führenden Straßen langsam vor – langsam, denn von den gewaltigen und bis zu sechs Stockwerken hohen Häusern mußte eines nach dem andern erstürmt werden; auf den Dächern oder auf über die Straße gelegten Balken drang der Soldat von einem dieser festungsähnlichen Gebäude in das benachbarte oder gegenüberstehende vor und stieß nieder, was darin ihm vorkam.

So verflossen sechs Tage, schreckliche für die Bewohner der Stadt und auch für die Angreifer voll Not und Gefahr; endlich langte man vor dem steilen Burgfelsen an, auf den sich Hasdrubal und die noch übrige Mannschaft zurückgezogen hatten.

Um einen breiteren Aufweg zu bekommen, befahl Scipio, die eroberten Straßen anzuzünden und den Schutt zu planieren, bei welcher Veranlasssung eine Menge in den Häusern versteckter kampfunfähiger Personen elend umkamen. Da endlich bat der auf der Burg zusammengedrängte Rest der Bevölkerung um Gnade. Das nackte Leben ward ihnen zugestanden und sie erschienen vor dem Sieger, 30 000 Männer und 25 000 Frauen, nicht der zehnte Teil der ehemaligen Bevölkerung.

Einzig die römischen Überläufer, 900 an der Zahl, und der Feldherr Hasdrubal mit seiner Gattin und seinen beiden Kindern hatten sich in den Tempel des Heilgottes geworfen (…). Aber als nun, dem Hunger erliegend, die entschlossensten unter ihnen den Tempel anzündeten, ertrug Hasdrubal es nicht, dem Tode ins Auge zu sehen; einzeln entrann er zu dem Sieger und bat kniefällig um sein Leben. Es ward ihm gewährt; aber wie seine Gattin (…) ihn zu Füßen Scipios erblickte, schwoll ihr das stolze Herz über diese Schändung der teuren untergehenden Heimat und (…) stürzte sie erst die Söhne und dann sich selber in die Flammen. Der Kampf war zu Ende.

Theodor Mommsen:
Römische Geschichte
(6. Aufl., 1874)

SCIPIO, *deſſens Carthaginem*.

Die Zerstörung Karthagos durch Scipio

Die eben beschriebene Szene von höchster Dramatik hat der französische Schriftsteller und Diplomat François Chateaubriand (1768–1848) im Tagebuch seiner Orientreise von 1807 und 1808 eindrucksvoll ausgemalt:

Als die Flammen aus dem Gebäude emporschlugen, sah man eine in ihre schönsten Gewänder gekleidete Frau mit ihren beiden Kindern an der Hand herausstürzen: es war die Frau Hasdrubals. Sie schweift mit dem Blick über die die Zitadelle umzingelnden Feinde; beim Anblick Scipios ruft sie aus:

„Römer, ich verlange vom Himmel nicht, daß er Rache an dir übt: du befolgst nur die Gesetze des Krieges. Aber könntest du doch, gemeinsam mit den Gottheiten meines Landes, den Verräter bestrafen, der seine Frau, seine Kinder, sein Vaterland und seine Götter verrät! Was dich angeht, Hasdrubal, so bereitet Rom bereits die Bestrafung deiner Missetaten vor! Unwürdiger Herrscher Karthagos, werfe dich vor den Wagen des Siegers, während das Feuer mich und meine Kinder vor der Sklaverei erretten wird!"

Nach diesen letzten Worten erdrosselt sie ihre Kinder, stößt sie in die Flammen und folgt ihnen nach.

François Chateaubriand:
Itinéraire de Paris à Jérusalem
(1811)

Die weltgeschichtliche Dimension des Untergangs der Stadt ist auch schon von den Zeitgenossen empfunden worden:

Als Scipio die seit 700 Jahren blühende Stadt brennen sah, die über so viele Länder, Inseln und Meere geherrscht hatte, entflohen seinen Lippen die Verse der Ilias, in denen auf den Untergang Trojas vorausgewiesen wird: „Einst wird kommen der Tag, da die heilige Ilios hinsinkt." Polybios (sein alter Lehrer), der dabeistand, so berichtet Appian, habe Scipio gefragt, was er mit diesen Worten meinte. Scipio nannte ohne zu zögern sein eigenes Vaterland, um dessen Schicksal er fürchtete, wenn er an die Wandelbarkeit der menschlichen Verhältnisse denke. (...) Diese Männer kannten die vergeltenden Kräfte der Geschichte, und sie verkannten nicht,

daß sie auch selbst diese Vergeltung auf ihre Nachkommen beschworen (...). Wenn man bedenkt, daß die erste Plünderung Roms im Jahr 455 n. Chr. von den Vandalen, einem Volksstamm ausgeführt wurde, der im Gebiet von Karthago siedelte und dessen Eroberungszug von dort ausging ...

Bernard Andreae:
Laokoon und die Gründung Roms
(1988)

Die Maßnahmen der Sieger sind an Rigorosität kaum zu überbieten:

Nachdem die Siegesnachricht in Rom eingetroffen war, schickte der Senat Decemviri nach Afrika, die zusammen mit Scipio die nötigen Entscheidungen treffen sollten. Sie faßten folgende Beschlüsse: Scipio zerstört, was von Karthago noch steht; der Boden Karthagos darf nicht mehr bewohnt werden; das Gebiet der Byrsa und der Vorstadt Megara wird verflucht (...). Der karthagische Staat hatte zu existieren aufgehört.

Werner Huß:
Geschichte der Karthager
(1985)

Die Metropole des Römischen Afrika

Gleich zu Beginn der römischen Kaiserzeit wurde die Byrsa grundlegend neugestaltet. Umfang und Bedeutung der gewaltigen Baumaßnahmen hat man verkannt, solange nur die alten Ausgrabungen und die moderne Bebauung das Bild des Hügels prägten. Die Forschungen der französischen Archäologen aber haben ergeben, daß hier ein monumentales und in seiner Art einzigartiges Ensemble von öffentlichen Bauten stand, das dem Rang der Stadt als Metropole der neuen Provinz Africa voll gerecht wurde.

Die Wiederherrichtung der Akropolis von Karthago

Das ‚römische' Team der französischen Mission hat seine Untersuchungen auf der antiken Plattform fortgesetzt, die sich vom *Cardo Maximus* bis zum *Cardo IV* erstreckt und im Süden durch den *Decumanus I* begrenzt ist; nördlich der Achse des *Decumanus Maximus* konnten bei Sondagen die Reste von zwei monumentalen Anlagen festgestellt werden. Direkt in der Achse des *Decumanus Maximus* lag zunächst die Gerichtsbasilika – über Substruktionen, die von einer Reihe von Sälen mit Apsiden-Abschluß gebildet werden, sodann ein großer, offener Platz. Er war im Norden und Süden von Säulenhallen gerahmt.

Aus diesem Schema wird klar, daß westlich davon ein bedeutender Tempel gestanden haben muß, an der Stelle, die heute von der ehemaligen Kathedrale eingenommen wird. Nach der Lage in der Stadt und nachdem hier auch noch eine Basilika mit zivilen Funktionen stand, haben wir es hier mit dem *Forum* von Karthago zu

Grabinschrift für eine heilkundige Frau

tun. Südlich davon erstreckte sich ein Platz, der gegen den *Cardo Maximus* im Westen von einem weiteren Gebäude abgegrenzt war, während südlich und nördlich wiederum Säulenhallen (Portiken) standen. (...) Ohne Frage sind diese beiden monumentalen Anlagen von vornherein bei der Gründung der *Colonia Julia* geplant und auch errichtet worden.

Jean Deneauve:
Le tracé monumental de Byrsa à l'époque romaine. Etat actuel des recherches dans Carthage VI (1984)

Nimmt man nur den gegenwärtigen Grabungsabschnitt östlich des Cardo Maximus und die beiden dort gelegenen Plätze, so erhalten wir ungefähr 13 180 m² für den zwischen den Apsiden von Beulé genutzten Raum (...), also eine sehr viel größere Fläche als diejenige der „römischen" Agora in Athen, die weniger als 10 000 m² Bodenfläche einnimmt.

– Der zweite, von J. Deneauve erschlossene Platz, mit 11 680 m² Größe, was allein dem Forum Cäsars in Rom entspricht.

– Die am steilsten Hang erschlossene südliche Begrenzungszone schließlich umfaßt 5 440 m² Fläche. Insgesamt erhalten wir mehr als drei Hektar Fläche, was dem Dreifachen der Fläche des Augustus-Forums in Rom entspricht und eineinhalb mal so groß ist wie die Fora des Augustus und des Cäsar zusammengenommen.

Im regionalen Zusammenhang gewinnt der karthagische Hang zum Kolossalen an Bedeutung: das Forum von Hippon (das antike Bône; heute Annaba in Algerien), das als eines

der größten des römischen Afrika gilt, erstreckte sich ohne Anbauten auf 4 374 m² Fläche, was weniger als einem Drittel des nördlich des Vorhofes von Byrsa gelegenen Platzes entspricht.

Pierre Gros:
Le premier urbanisme de la Colonia Julia Carthago (1990)

Die augusteische Ideologie in Karthago

Die Reliefs von La Malga, die aus widersprüchlichen Gründen lange in die claudische Epoche datiert wurden, sind auch Vermittler der augusteischen Bilderwelt, mit wenigen signifikanten Abweichungen von den Vorbildern der „Urbs", d. h. der Stadt Rom. Auf der einen Platte erblickt man das Kultbild des *Mars Ultor* (der Rächer und Kriegsgott) zwischen der *Venus Genetrix* und der heroischen Gestalt eines Prinzen, in welchem man kürzlich Caius Caesar zu erkennen glaubte. Die Göttermutter *(gens Julia)* des Julius Cäsar und des Augustus gab vor, von Aeneas abzustammen und somit Venus, die Mutter des trojanischen Helden, zur Ahnin zu haben.

Die im Louvre aufbewahrte Reliefplatte zeigt eine Göttin – *Pax* (Friedensgöttin) oder *Tellus* (eine Personifikation der nährenden Mutter Erde) –, deren Gestaltung und Einrahmung in hohem Maße an jene des ähnlichen *Ara Pacis*-Reliefs erinnern. Zieht man in Betracht, daß diese beiden Fragmente aller Wahrscheinlichkeit nach vom gleichen Gebäude stammen, so liegt es nahe, darin Überreste der

Karte und rekonstruierte Vogelperspektive verdeutlichen die strategisch günstige Lage Karthagos:

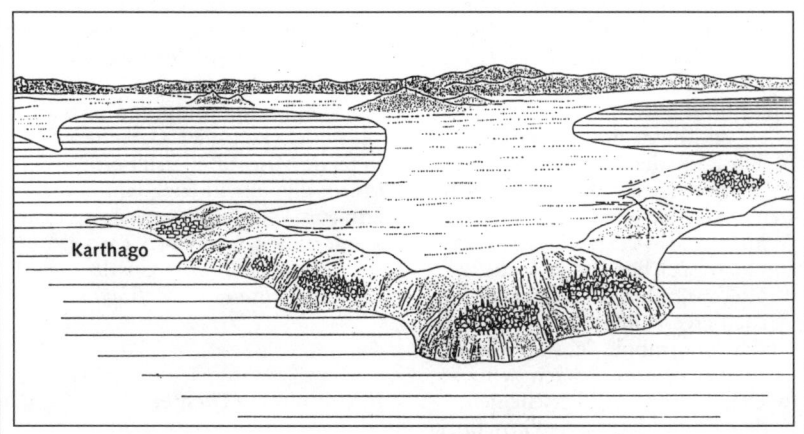

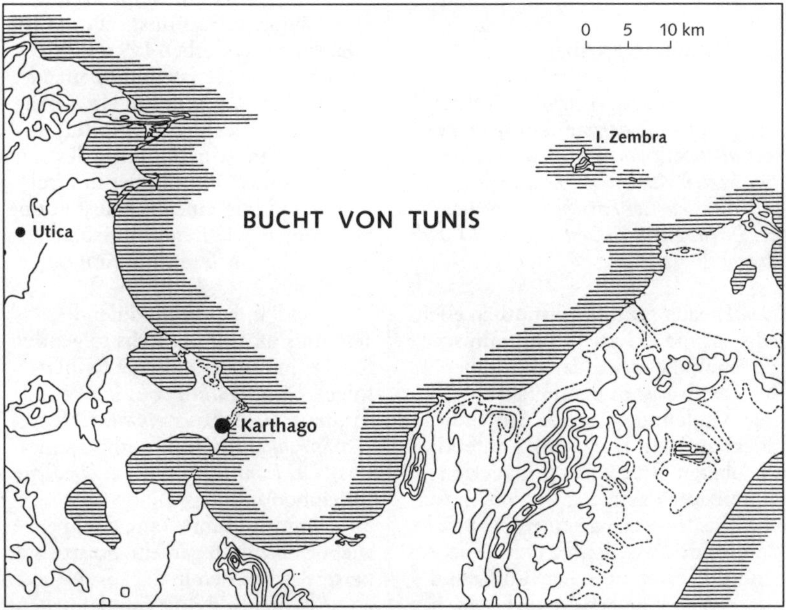

Umfassung eines monumentalen Altars zu sehen. Vielleicht handelt es sich um einen jener – wie jüngste Entdeckungen zeigen – so zahlreichen Altäre im Westen des Imperiums, die zu Ehren des ältesten Sohnes des Agrippa nach dessen frühem Tode errichtet wurden.

Das Thema des Friedens und Wohlstands, die durch die neuen Herrscher gesichert wurden, ist allgegenwärtig. Die Geste des Eros, der Venus das Schwert des Mars reicht, ist ein klares Zeichen für das Ende der Bruderkriege. Die Wohltaten des wiederhergestellten Friedens werden durch die Symbole der Fülle dargestellt, die auf dem anderen Relief in noch größerer Anzahl erscheinen.

Pierre Gros, op. cit.

Das Theater in Karthago

Seit der unter Louis Carton im Jahr 1907 erfolgten Restaurierung des Theaters veranstaltet man dort Theateraufführungen. Die letzten Ausgrabungen wurden 1967 von einer Pariser Forschergruppe unter der Leitung von Gilbert-Charles Picard durchgeführt.

Das Theater stammt vermutlich ebenfalls aus dieser Epoche (antoninische Epoche); die *cavea* (das Zuschauerrund) selbst ist in den Hügel eingefügt worden; die unteren Stufen liegen direkt auf dem Hügel auf, während die oberen Stufen von gemauerten Unterbauten getragen werden, in welche Theaterausgänge eingefügt wurden. Diese Zwischenform zwischen einem Theater mit einer von Grund auf in die Höhe gebauten *cavea* und

jenem ohne jegliche Unterbauten, wie in Thugga (eine im Nordwesten Tunesiens gelegene, heute Dougga genannte, antike Stadt), wurde auch in der zweiten Bauphase des Theaters in Lyon verwendet, das Pierre Quonian in die Zeit des Kaisers Hadrian datiert hat. Diese in der Hauptstadt Afrikas wie in der Hauptstadt Galliens auftretende Mischform resultiert zweifellos aus einer im zweiten Jahrhundert erfolgten Vergrößerung eines vormals kleineren augustinischen Theaters.

Gilbert-Charles Picard:
La Civilisation de l'Afrique romaine
(1990)

Ein komischer Dichter

Terentius (nach dem Namen seines Herrn Publius Terentius; geboren 195 oder später; gestorben 159 v. Chr.) war als Kind Sklave; man nannte in *Afer*, den Afrikaner, und er war ein Karthager von unfreier Geburt. Nach Rom verkauft, kam er in das Haus des Senators Terentius Lucanus, der ihn freikaufte und ihm eine gute Ausbildung zukommen ließ. Bereits in früher Jugend begann Terentius, Komödien zu schreiben (…).

Der Band der Komödien des Terentius umfaßt die sechs folgenden Stücke (in chronologischer Reihenfolge): *Das Mädchen von Andros* (Andria), *Die Schwiegermutter* (Hecyra), *Der Selbstquäler* (Heautontimorumenos), *Der Eunuch, Phormion, Die Brüder* (Adelphoe).

Terentius führte einige sehr wichtige Neuerungen ein. So strich er beispielsweise den in der sog. Neueren griechischen Komödie unerläßlichen

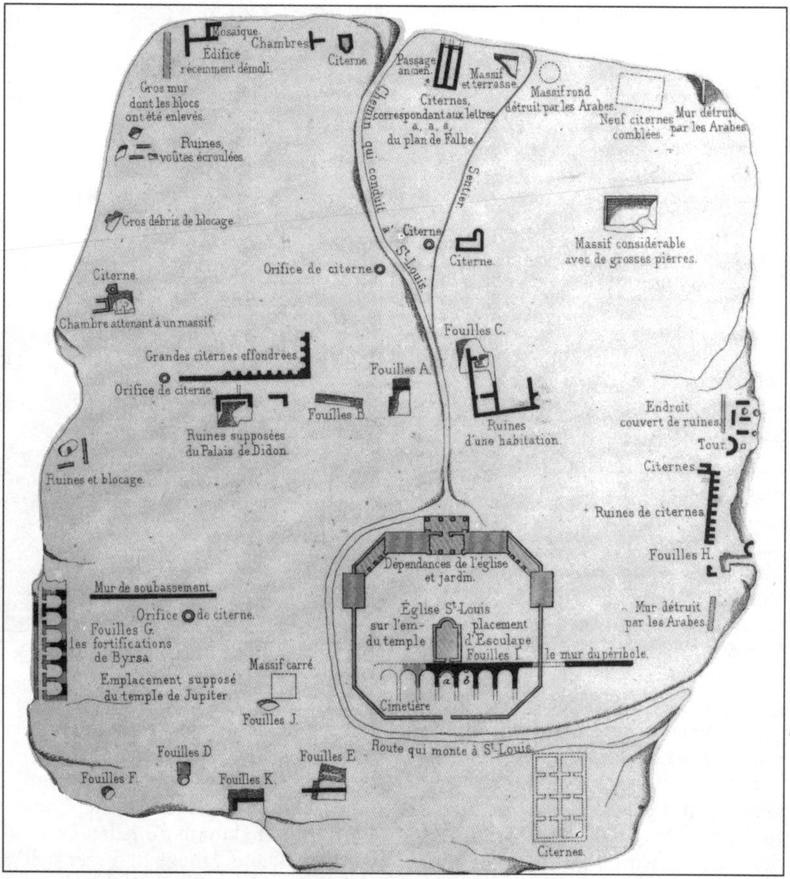

Mosaïque

Chambres

Édifice
récemment démoli.

Citerne

Gros mur
dont les blocs
ont été enlevés.

Ruines,
voûtes écroulées.

Passage
ancien

Massif
et terrasse

Massif rond
détruit par les Arabes.

Neuf citernes
comblées.

Mur détruit
par les Arabes.

Citernes,
correspondant aux lettres
a, a, a,
du plan de Falbe.

Chemin qui conduit

Sentier

Gros débris de blocage.

Citerne

St-Louis

Citerne

Citerne

Massif considérable
avec de grosses pierres.

Citerne.

Chambre attenant à un massif.

Orifice de citerne

Grandes citernes effondrées.

Orifice de citerne.

Ruines supposées
du Palais de Didon.

Fouilles A.

Fouilles B.

Fouilles C.

Ruines
d'une habitation.

Endroit
couvert de ruines.

Tour

Citernes.

Ruines de citernes.

Fouilles H.

Ruines et blocage.

Mur de soubassement.

Orifice   de citerne.

Fouilles G.
les fortifications
de Byrsa

Emplacement supposé
du temple de Jupiter

Massif carré.

Fouilles J.

Dépendances de l'église
et jardin.

Église St-Louis
sur l'em-   placement
du temple   d'Esculape
Fouilles I.   le mur du péribole.

Cimetière

Mur détruit
par les Arabes.

Route qui monte à St-Louis.

Fouilles D.

Fouilles F.

Fouilles E.

Fouilles K.

Citerne.

Plan der Ausgrabungen auf dem Byrsa-Hügel

Prolog. Statt dessen schuf er die später in der klassischen französischen Komödie wichtigen „einführenden Szenen", die weder in der Neueren griechischen Komödie noch im Theater des Plautus existieren. (…) Terentius kann als Neuerer eines modernen Theaters gelten, in dem das festliche Begängnis der Gemeinschaft endgültig durch die Illusion ersetzt wird.

Pierre Grimal:
Le théâtre antique
(1978)

Jagdszenen im Amphitheater

1966 stellt Azedine Beschaouch das außergewöhnliche Mosaik der „Jagd im Amphitheater" vor, das er in Smirat in Tunesien entdeckt hatte. Der folgende Text erläutert mit den Bildern auch die zahlreichen Inschriften des Mosaiks.

Die Spiele sind bereits eröffnet. Vier Tierkämpfer und vier Leoparden stehen sich in der Arena gegenüber. Auf der linken Seite befindet sich Spittara: er steht auf einer Art Stelzen und stößt mit nacktem Oberkörper die Lanze nach vorn in das Victor genannte Raubtier, das für den tödlichen Kampf mit einer Hirsegirlande geschmückt ist. Rechts ist Bullarius in einer schönen, mit einem Lederpanzer bedeckten Tunika zu erkennen. Hilarinus, der am entgegengesetzten Ende der Arena den zu Tode getroffenen Luxurius zurückgelassen hat, kommt ihm in der Bedrängnis durch Crispinus, einen ebenfalls mit Hirse geschmückten Leoparden, zu Hilfe.

Unweit des sterbenden Tieres schließlich befindet sich ein weiteres namens Romanus, das letzte der Gruppe und ebenfalls, wie Luxurius, mit einer Efeugirlande geschmückt. Sein Angriff wurde durch einen athletischen Sprung Mamertinus' vereitelt, der ihm einen heftigen Schlag versetzt. Die Blutspritzer erinnerten daran, insofern überhaupt notwendig, daß dieses Spektakel ein blutiger Kampf und der Einsatz von Raubtieren nicht ohne Risiken war. Am Ende der Vorstellung, wenn das Schauspiel mit dem Sieg über die Tiere zum Ende gekommen ist, wendet sich der Herold als Ansager an die lärmende

Das Mosaik mit Gladiatorendarstellungen

Zuschauermenge und verkündet: „Meine Herren, die Telegeni-Truppe erwartet ihre Belohnung! Sie bestimmen über den Preis: geben sie ihnen fünfhundert Denare für jeden Leoparden!" Diese Ansage befindet sich gleich einer Legende im linken Teil der Tafel, wo Diana, eine der Schutzgottheiten der Spiele im Amphitheater, dargestellt ist. Die Jagdgöttin, deren Köcher zu erkennen ist, schreitet kraftvoll nach vorn. In ihrer linken Hand hält sie einen Hirsehalm, und die in der Taille ihrer kurzen Tunika befestigte Schärpe flattert im Wind ...

Nach der Ansage wartet man auf die Entlohnung. In diesem Moment

tritt das Publikum in Aktion, und der Herr des Hauses, ein gewisser Magerius, wird hereingeführt, um sie auszuzahlen und sich so als öffentlicher Wohltäter feiern zu lassen. Der Applaus der Menge wird uns wie in einem Protokoll als Inschrift auf der rechten Seite des Bodens von Smirat übermittelt. Wir wohnen dem Finale bei. Inmitten des Beifalls läßt sich der Held des Tages, besagter Magerius, feiern. Alle Blicke gelten seiner Loge. Das Publikum preist seine beispielhafte Großzügigkeit; Magerius hat durch die Übernahme aller Kosten des Schauspiels seine Vorgänger übertroffen und wird von nun an das

Vorbild sein. Das Publikum übertrifft sich in Lobpreisungen: Magerius wird sich an Rom ein Beispiel nehmen, und die Spiele des Magerius werden, weil sie an Prunk jenen der Quästoren in nichts nachstehen, in die Annalen der Stadt eingehen. Schließlich bezahlt unser Mann und geht. Er zahlt sogar den doppelten Preis und erhält dafür allgemeine Ovationen; die Begeisterung ist auf dem Höhepunkt angelangt. Die überglückliche Menge würdigt diese Zurschaustellung von Reichtum und vergöttert diese Demonstration von Macht. Die nun entlassenen, siegreichen Tierfechter verlassen die Arena mit ihren Geldsäcken. Der prasselnde Beifall ist noch bis zur Abenddämmerung zu hören.

Wie das Mosaik zeigt, erfolgte dieser Beifall zu Recht. Magerius ist nicht bei der vom Ansager geforderte Summe von 500 Denaren pro Leopard geblieben. Er hat sie überboten und sogar verdoppelt: er hat tatsächlich vier Säcke zu jeweils 1000 Denaren übergeben! In der Mitte der Arena präsentiert ein junger Diener (Figur in der Bildmitte des Bodenmosaiks von Smirat) die vier Säcke auf einem großen Tablett – jeweils einer für jedes erlegte Raubtier und jeden siegreichen Jäger. Dies ist das Zeichen vorbildlicher Großzügigkeit, und das so prachtvoll von Magerius ausgerichtete Schauspiel hat es zu Recht verdient, in das Gedächtnis aller einzugehen. Ewiger Ruhm gelte diesem Tag! ...

Azedine Beschaouch:
A propos de la mosaïque de Smirat
(1986)

Die Antoninus-Thermen

Die nach dem Zweiten Weltkrieg erfolgte Freilegung der Ruinen förderte den Gebäudegrundriß sowie die Strukturen der fünf Meter hohen Untergeschosse zu tage. Von der Architektur der Thermen selbst sind, abgesehen von einigen Mauerresten, nur eine Menge kleiner, von den Gewölben stammender Füllsteine sowie einige Architekturfragmente übriggeblieben, die zwar zerstört, der Plünderung aber entgangen sind.

Die Anastylose einiger, zu verschiedenen Gebäudeteilen gehörenden Säulen sollte diesem zerstörten riesigen Monument einen Teil seiner vergangenen Größe wiedergeben. Der äußerst langwierige und schwierige Prozeß zog sich über mehrere Jahre hin. Das Unternehmen wurde vom Nationalen Institut für Archäologie und Kunst geleitet, der nationale tunesische Fremdenverkehrsverband und vor allem die UNESCO unterstützten das Projekt. Der Fonds der UNESCO-Konvention beauftragte Jacques Vérité, einen in der Restaurierung von Baudenkmälern spezialisierten Architekten, mit der Bauleitung.

Die Arbeiten erfolgten in den Jahren 1980 und 1988 und betrafen vier Säulen, die zu den folgenden vier verschiedenen Gebäudepartien gehören: Nord-Ost-Portal, nördliche Palästra, südlicher Eingang, sowie die schwierige, aber aufsehenerregende Rekonstruktion einer der acht großen Säulen, die das Gewölbe des *frigidariums* trugen, eines riesigen, 47 x 22 m großen Saals, der sich über 1043 m² erstreckte und in dessen Ecken sich vier große Schwimmbecken befanden.

Von einer der Säulen, einem ursprünglich großen Monolithen aus grauem Granit, der von einem Kapitell aus weißem Marmor bekrönt war, wurden drei an verschiedene Orte verstreute Fragmente wiedergefunden, wodurch eine vollständige Rekonstruktion der Säule möglich wurde. (…) Der Sockel, die unteren Partien des Säulenschafts sowie die antike Säulenbasis wurden in armiertem Beton nachgebildet, um auch Erdbeben standhalten zu können. Die verschiedenen Teile der oberen Partie des Säulenschafts sowie das Kapitell wurden mit Epoxidharz zusammengefügt und mit einem riesigen Kran an Ort und Stelle gebracht.

Die Aufrichtung dieser Säule hatte eine völlig veränderte Wirkung der Ruinen zur Folge. Das Bodenniveau des *frigidariums* – es erhob sich in 5,60 m Höhe von den auf Meereshöhe befindlichen Fundamenten – ist nun leicht zu erkennen, und die 15 m Gebäudehöhe erleichtern es dem Betrachter, sich eine Vorstellung von den restlichen zerstörten Gebäudeteilen zu machen: der von der Kolonnade ausgehende Bogen war mit 30 m ebenso hoch wie die Säule.

Die Höhe des Gebäudes sowie der Grundriß erlauben bis zu einem gewissen Grad eine Vorstellung von Volumen und Architektur dieser großartigen Therme, die Rom der Bevölkerung von Karthago zur Hygiene und körperliche Ertüchtigung gewidmet hatte.

Abdelmajid Ennabli:
Pour sauver Carthage
(1992)

Nur Fundamente sind noch von den Pfeilerreihen erhalten, von denen in der Spätantike
die Hauptstraßen Karthagos gesäumt waren.

Das römische Karthago: ein groß-
artiger Stadtprospekt

Seit dem 3. Jahrhundert v. Chr. hatte
der weiße Quaderstuck einer fast 2 km
langen, mit Türmen und Toren be-
stückten, hohen Verteidigungsfront
der punischen Hauptstadt an der See-
seite das Aussehen einer aus weißen
Marmorblöcken errichteten, unmittelbar aus den Wellen aufragenden,
monumentalen Stadtbegrenzung verliehen. Die neue römische Hauptstadt
ersetzte die geschlossene Mauerfront
der punischen Metropole auf einer
über 3,00 m hohen, über dem Meer
gelegenen Substruktionsterrasse durch
eine lange Kolonnadenzeile, aus deren
Flucht die wie eine Mole vorgerückte
Mündung der wichtigsten karthagischen Straßenachse, des Decumanus

maximus, wahrscheinlich durch einen
Triumphbogen betont, sich absetzte.
Eines der großartigsten Städtebilder
der römischen Architektur wurde
hier sichtbar: die über 650 m lange,
von Portiken flankierte Hauptstraße
Karthagos, die mit Stufenanlagen am
Hang vor der gegliederten Fassade
des steilen, mit Apsidenräumen mar-
kierten Substruktionssockels des
Höhenforums mündete, axial vom
bekrönenden Querriegel des hohen
Basilikakörpers überragt wurde, aus
der Entfernung wohl noch das Giebel-
dach des Forumtempels erscheinen
ließ und den Blick auf das von keiner
anderen Platzarchitektur Nordafrikas
übertroffene „Akropolis"-Kaiser-
forum Karthagos am Ende des langen
Säulenprospektes freigab.

Friedrich Rakob (Hrsg.):
Karthago. Die Deutschen Ausgrabungen
in Karthago, Bd. 1 (1991)

Der Aquädukt von Karthago

Im 12. Jahrhundert:
Das Wasser gelangte von einem drei Tagesreisen entfernten, in der Gegend von Kairouan gelegenen Ort in die Zisternen (Zisternen von La Malga). Es floß auf unzähligen steinernen Bögen sanft abwärts. Jene Bögen, die sich auf einer Bodenerhebung befanden, waren niedrig; jene, die sich in einer Niederung oder in einem Tal befanden, waren sehr hoch.

Al-Idrisi:
Le Maghreb au VIe siècle de l'Hégire/ XIIe siècle apr. J.-C. (1983)

Im 13. Jahrhundert:
Das Wasser kam von einem alten Aquädukt, einem kolossalen Bauwerk, das sich von den Quellen von Zaghouan bis nach Karthago erstreckte und dessen Leitung mal auf Bodenniveau, mal auf riesigen, mehrgeschossigen Arkaden entlanggeführt wurde, die auf massiven Pfeilern ruhten, die in einer weit zurückliegenden Epoche errichtet worden waren.

Ibn Khaldoun:
Histoire des Berbères et des dynasties musulmanes de l'Afrique septentrionale (1853)

Im 16. Jahrhundert:
Auf dem Feldzug nach Tunis, ließ er auf der Reede von Karthago ankern, von wo aus man noch einige Ruinen sowie eine große, weitläufige und tiefe Zisterne sehen konnte, und außerdem die Bögen, die die Aquädukte trugen und die das Wasser von zehn Meilen entfernten Orten herbeibrachten.

Marmol:
L'Afrique (1667)

Im 18. Jahrhundert:
Dieser Aquädukt gehört zu den Wundern dieser Erde, und wenn die Ägypter sich etwas auf ihre Pyramiden einbilden, dann können die Afrikaner mit Recht stolz auf diesen Aquädukt sein. Der Kanal führte Wasser aus „Zaghouan" und allen anderen, rechts und links der Leitung gelegenen Quellen aus einer Entfernung von mehreren Meilen. Die Historiker sagen, daß dieser Aquädukt in gerader Richtung sechzig Meilen, und mit allen Krümmungen dreihundert Meilen lang war.

Al-Kaïrouani:
Histoire de l'Afrique (1845)

Der Zustand heute:
Von den Ruinen der größten römischen Thermenanlage auf afrikanischem Boden, den Antoninsthermen in Karthago, wird an klaren Tagen am Südrand des Golfes von Tunis hinter dem gestaffelten Prospekt der Gipfel des Djebel Bou-Kornine und des Djebel Ressas ein fast 1300 Meter hohes, isoliertes Gebirgsmassiv sichtbar, der Djebel Zaghouan, mit dem die Hauptstadt der römischen Provinz seit der Mitte des 2. Jahrhunderts n. Chr. durch die Nabelschnur einer 132 Kilometer langen Wasserleitung verbunden war. (…) Für den Betrieb eines großstädtischen Badebezirkes, zumal von den Ausmaßen der stadtrömischen Kaiserthermen, war die kontinuierliche Wasserversorgung durch einen Aquaedukt notwendige Bedingung. Das Einweihungsdatum der Antoninsthermen setzt damit den vollendeten Bau der Wasserleitung, der ersten Karthagos, voraus. (…) Noch heute beherrschen seine Ruinen die im Süden und Osten von Bergen

Dieses um die Mitte des 2. Jahrhunderts n. Chr. errichtete technische Meisterwerk der Antike markiert noch heute die Ebenen im Süden der Stadt.

gesäumte Ebene. Zwar ist die 33,65 Meter hohe, 125,78 Meter lange, zweigeschossige römische Brücke über dem Flußlauf einem Neubau im 19. Jahrhundert zum Opfer gefallen, doch sind die an verschiedenen Stellen bis zu 20 Meter hohen Pfeilerarkaden zu beiden Seiten der demolierten Brücke bis auf wenige eingestürzte Pfeiler erhalten geblieben (...). 2 Kilometer südöstlich von Moghrane erreicht die Leitung die Hänge des isolierten, vom 1295 Meter hohen Gipfel Rass el Gassaâ bekrönten Gebirgsmassivs des Djebel Zaghouan. 290,109 Meter ü. d. M. liegt am Nordrand des Gebirges jene Quelle, an der die Wasserleitung von Karthago beginnt. Ein über der Quelle errichtetes Heiligtum markiert den Ausgangspunkt dieses langen, auf weiten Strecken noch heute benutzten Aquaeduktes, dessen Quelle in römischer Zeit göttlichem Schutz anvertraut war.

Die Ingenieurleistung des mit höchster Präzision nivellierten Leitungsstranges erscheint um so bewundernswerter, wenn man das extrem niedrige Gefälle der Gesamtleitung berechnet, das römische Ingenieure mit den einfachen Instrumenten der Groma und des Chorobates vermaßen und absteckten. (...) Zwischen Moghrane und der Zisterne von Bordj Djedid in Karthago [beträgt] das durchschnittliche Gefälle 15,15 Zentimeter je 100 Meter, das heißt 0,15 Prozent.

Friedrich Rakob:
*Das Quellheiligtum in Zaghouan
und die römische Wasserleitung
nach Karthago*
(1974)

Karthago: Wiege des abendländischen Christentums

Die Kirche von Karthago ging am Ende des 2. Jahrhunderts von der griechischen Liturgie, wie sie auch in den Kirchen von Rom und Lyon üblich war, zur lateinischen Liturgie über. Dies geschah insbesondere unter dem Einfluß Tertullians.

Karthago und der Katholizismus

Bei aller Faszination, die vor allem das punische Karthago ausstrahlt – nicht weniger faszinierend ist die Rolle, die die Stadt in der Geschichte des frühen Christentums gespielt hat, eine Tatsache, die aus dem allgemeinen Bewußtsein fast verschwunden ist (…), und doch hat das Christentum hier seine für den Westen entscheidende Prägung bekommen, gingen von hier – nach Paulus – die stärksten Impulse aus. Man darf getrost sagen: Ohne Tertullian, Cyprian und Augustin würde es den abendländischen Katholizismus nicht geben.

Winfried Elliger:
Karthago. Stadt der Punier, Römer, Christen (1990)

Das Baptisterium von Kèlibia (Tunesien)

Ein Anwalt der Christen

Tertullian (Quintus Septimus Florens Tertullianus), um 160 geboren, gestorben nach 220, war einer der bedeutendsten Bürger des römischen Karthago: Rhetorisch gebildet, mit einer Christin verheiratet und zum Christen geworden, war dieser „ardeus vir" (glühender Mann), wie ihn Hieronymus genannt hat, unerschrockener Anwalt und fruchtbarer Schriftsteller des neuen Glaubens. „Er hat der lateinischen Christenheit die Sprache schaffen helfen; vor ihm hat sie nur gestammelt, mit ihm hat sie reden gelernt", so hat es Adolf von Harnack gesehen. Als kompromißloser Verfechter strengster Moralität entfremdete er sich in seinen mittleren Lebensjahren von der katholischen Kirche und wurde zum Anhänger der Montanisten.

Tertullians Naturell und Stil war für diesen Kampf [des jungen Glaubens gegen eine feindliche Umwelt] geschaffen (...). Ein Fanatismus ohnegleichen tobte in ihm, eine ihn selbst und andere verzehrende Glut. (...) Von keinem ist die lateinische Sprache auf einen so hohen Grad der Leidenschaftlichkeit gehoben wie von ihm; (...) er ist so recht eigentlich der Typus des christlichen Sprachschöpfers gewesen, aus den gewalttätigen Neuprägungen atmet der Geist eines Mannes, der von dem Glauben durchdrungen war, daß das Christentum als eine neue Größe in die Welt gekommen sei und daher neue Faktoren für seine Ausdrucksweise beanspruchen dürfe.

Eduard Norden:
Die antike Kunstprosa
(Nachdruck 1974)

Der pastorale Charakter des Werkes Tertullians ist, ob er nun Priester war oder nicht, nicht weniger bedeutsam als seine Leistung als Denker oder Apologet. Die Texte über das Sakrament der Taufe, der Buße, die Anleitung zum Gebet und zum Fasten, aber auch die vier Abhandlungen über das spirituelle Thema der Vorbereitung zum Martyrium vermitteln uns einen unmittelbaren Einblick in die Liturgie und die Interessen der Kirche Karthagos. Tertullian schildert die lebendige Kirchentradition nicht ohne Ausschmückungen und Abschweifungen. Die Kirche erscheint in seiner Beschreibung gespalten zwischen dem Bemühen um eine dauerhafte Organisation innerhalb ihrer Hierarchie und einer Verweigerungshaltung gegenüber der Welt und der mit unruhiger Spannung erwarteten, eventuell bevorstehenden Wiederschauung Gottes. Die Infiltration des montanistischen Pneumatismus mit seiner übertriebenen Askese und seiner Mißachtung aller weltlichen Werte in Karthago trägt nicht wenig zu dieser „adventistischen" Versuchung bei. Tertullian, der der Verführung durch diese extremistische Sekte schließlich erlag, stellt zunehmend Erwartungen an die künftigen Märtyrer. Seine Abhandlung *Über die Flucht in Zeiten der Verfolgung* aus dem Jahr 212 läßt seine absolute Überzeugung von den Thesen des Montanismus erkennen.

Die Liturgie scheint zu jener Zeit, sowohl bezüglich der Riten als auch der spirituellen Auslegung ihres religiösen Symbolismus, sehr entwickelt gewesen zu sein. Die Überlegungen Tertullians über die Typologie des Taufwassers bezeugen seine außerge-

Christliche Inschriften mit der Darstellung des „Guten Hirten"

wöhnliche Vielfalt in der schriftstellerischen Praxis. Seine Abhandlung *Über das Gebet* ist die erste abendländische Fassung einer spirituellen Meditation über das Vaterunser. Tertullian wendet sich an die gesamte Gemeinschaft der Gläubigen und regt so jedes Mitglied zu einer persönlichen Beziehung zu Gott an. Solchermaßen erscheint er durch seine verschiedenen Abhandlungen auch als Begründer der spirituellen Literatur in lateinischer Sprache. Allerdings handelt es sich hier um das Zeugnis eines Afrikaners über die karthagische Kirche, eines Zeugen, der dazu berufen war, der Welt „um des Dienstes am lebenden Gott" willen zu entsagen und mit aller Kraft gegen Versuchung, Qual und Tod zu kämpfen.

Jacques Fontaine:
La littérature latine chrétienne
(1970)

Cyprian: Bischof und Vermittler

Schon eine Generation nach Tertullian hatte Karthago eine zweite Persönlichkeit, die weit über die Grenzen der Stadt hinaus gewirkt hat (...) – Cyprian.

In den Jahren 249/50, während der Christenverfolgung unter Kaiser Decius, waren viele Christen von ihrem Glauben abgefallen und hatten die erzwungenen Opfer für die Staatsgötter vollzogen.

[Als Decius schon 251 starb] standen nun auf der einen Seite die Reinen, die „Konfessoren", die ihren Glauben bekannt hatten und zum Martyrium bereit gewesen waren (...), auf der anderen die Abgefallenen, die lapsi. Und es fehlte nicht an Stimmen, die ihnen die Wiederaufnahme gänzlich verweigern wollten. Die Alternative lautete letzlich also: eine kleine Kirche der Heiligen oder eine umfassende Volkskirche.

Für Cyprian gestaltete sich diese allgemeine Krisensituation besonders schwierig. Angesichts der drohenden Gefahr (...) hatte er sich zu einem Schritt entschlossen, der ihm von einem Teil des Klerus übelgenommen wurde (...): Er zog sich mit einigen Bgeleitern aufs Land zurück und entging damit dem Schicksal, das viele seiner Kollegen (...) hatten erleiden müssen. (...) Den möglichen Vorwurf der Feigheit nahm er in Kauf um der Chance willen, für seine Gemeinde dazusein (...) und auf diese Weise vielleicht das Schlimmste zu verhüten.

Trotzdem nahm die Gefahr einer Spaltung bedrohliche Formen an (...). Es kommt sogar zur Wahl eines Gegenbischofs, bevor Cyprian nach fünfzehn Monaten der Abwesenheit nach Karthago zurückkehrt und auf einer Synode die strittigen Probleme (...) auf einer mittleren Linie lösen kann. Das Schlimmste für Cyprian war jedoch die Hartnäckigkeit von Papst Stephan, der sich – zum erstenmal in der Geschichte der Kirche – auf den Primat Roms als des Stuhls Petri berief. Möglicherweise wäre es zu einem tiefen Zerwürfnis zwischen Rom und Karthago gekommen, wenn nicht äußere Ereignisse den Streit mit Gewalt beendet hätten. Unter Kaiser Valentian kam es zu neuen Christenverfolgungen, denen Stephanus zum Opfer fiel (257).

Jedoch sollte Cyprian die Früchte seines zähen Ringens nicht mehr ernten. Am 30. August 257 wurde er in Karthago verhaftet. (...) Cyprian entzog sich ein zweites Mal durch Flucht, diesmal aber nicht, um im Untergrund zu verschwinden, sondern um durch seinen Martyrertod der Gemeinde ein leuchtendes Beispiel zu geben. Um Tumulte zu vermeiden, wollte der Proconsul Cyprian nach Utica bringen lassen. Cyprian jedoch wünschte, in seinem Karthago zu sterben. (...) Es wird berichtet, daß Cyprian seinem Henker noch 25 Goldstücke für dessen Arbeit auszahlen ließ, während das Volk schon Tücher ausbreitete, um das Märtyrerblut aufzufangen. Noch in derselben Nacht wurde der Leichnam von der Hinrichtungsstätte eingeholt und „unter Gebet und lautem Jubel vieler Brüder" feierlich beigesetzt.

Winfried Elliger:
Karthago.
Stadt der Punier, Römer, Christen
(1990)

Die Donatisten

Der Donatismus hat einen lokalen Ausgangspunkt: den Protest gegen die Wahl des Erzdiakons Cäcilian auf den Bischofssitz in Karthago im Jahr 312.

In gewisser Weise allein auf die afrikanische Kirche bezogen, hatte er allerdings weitreichende Konsequenzen.

Das christliche Afrika sollte seine Kräfte in diesem Abenteuer verbrauchen, denn bedauerlicherweise fand seine rege Missionstätigkeit dadurch ein jähes Ende. Die Größe des wegen eines so geringfügigen Motivs entfachten Feuers und eine solche Entfesselung von Fanatismus und Gewalttaten erstaunen noch heute. Wie immer interessieren den Historiker die wahren Ursachen und Gründe einer solchen Bewegung.

Bisweilen wurden sie auf der politischen Ebene gesucht: War der Donatismus Ausdruck nationalen Widerstands gegen die koloniale Vormachtstellung Roms? Offen gesagt findet sich in unseren Dokumenten keine Spur von einem berberischen Nationalgefühl, und falls in den Reihen der Donatisten berberische Elemente auftauchen, ist darin eher ein Merkmal der Gesellschaftsordnung zu sehen: Die Anhänger des Schismas schienen vor allem aus den unteren und folglich am wenigsten romanisierten Gesellschaftsschichten zu stammen.

Ihre Stoßtrupps, deren gewaltsame Auseinandersetzung mit der katholischen Gemeinde und insbesondere mit dem Klerus häufig tödlichen Ausgang nahmen, rekrutierten sich aus „circumcelliones": herumziehendem Gesindel und vielleicht Landarbeitern, dem Proletariat, das zum Opfer der wirtschaftlichen Entwicklung und der Agrarpolitik geworden war. Zu ihren Aktionen gesellt sich eine revolutionäre Komponente:

Mit erpresserischen Forderungen erreichten sie die Erlassung von Schulden, terrorisierten die Grundbesitzer und verteidigten die Unterdrückten. Eine Gruppe von Circumcelliones trifft eines Tages auf einen bequem in einer Kutsche sitzenden Herrn, vor dessen Gespann ein Sklave läuft; sie halten ihn an, lassen den Sklaven den Platz des Herrn einnehmen und zwingen jenen, seinerseits zu laufen.

Der ursprünglich religiöse Aspekt dieser Vorgänge darf allerdings nicht übersehen werden. Es ist durchaus normal, daß politische und soziale Konflikte in einer Zeit tiefer Religiosität in religiöser Form zutage treten. Es entwickelte sich eine der Kirchendoktrin gemäße Atmosphäre und eine für den Donatismus charakteristische Spiritualität, deren pathologischer Charakter vom Standpunkt des Theologen und des Psychologen nur bedauert werden kann. Die schismatische Kirche betrachtete sich als eine „Kirche der Heiligen", losgelöst von ihrer Epoche, den Verfolgungen des Kaiserreichs sowie der gesamten, mit den *traditores* verbundenen Weltkirche. Ihre Angehörigen besaßen das für den sektiererischen Geist charakteristische gute Gewissen, fühlten sich allen gegenüber im Recht und sahen sich als Soldaten Christi für die gerechte Sache: Diese Kirche war auch eine Kirche der Märtyrer.

Henri-Irénée Marrou:
L'Eglise de l'Antiquité
tardive (303 – 604)
(1985)

Der heilige Augustinus

Der Bischof von Hippo, dessen bewunderungswürdige Untersuchung „Von der Liebe Maß und von der maßlosen Liebe" uns überliefert ist, war „von morgens bis abends in menschliche Angelegenheiten verwickelt". Augustinus, ein bodenständiger, dem Wort ergebener Prälat, verzichtete in seinem nicht enden wollenden Kampf dennoch nicht auf das geschriebene Wort. Sein immenses schriftliches Werk umfaßt 93 Bände mit insgesamt 252 Büchern. Erst kürzlich wurden noch unpublizierte Werke entdeckt.

Das Genie entzieht sich per definitionem zumindest teilweise den Grenzen seiner Epoche und seines Landes, in dem es lebt. Diese Ansicht wird durch das Universalgenie Augustinus auf deutliche Weise veranschaulicht.

Doch zunächst ein paar Fakten: Augustinus wurde am 13. November 354 n. Chr. in Afrika geboren und starb am 28. August 430.

Bei aller Universalität blieb er doch mit Leib und Seele ein Afrikaner seiner Zeit. Mit seinem Werk wurde auch etwas vom Afrika des 4. und 5. Jahrhunderts in das Gewand der Menschheitskultur eingewoben und trug zu ihrer Belebung bei. Ohne sich darüber im klaren zu sein, transportiert diese, insbesondere im Abendland, augustinisches Gedankengut. Bisweilen sogar sprechen die Menschen, ohne es zu wissen, um M. Jourdain zu zitieren, mit „Augustinus' Worten". Dies gilt insbesondere für die christliche Kirche. Ich spreche hier von der universellen, aktuellen Kirche, die heute nicht dieselbe wäre, hätte nicht der augustinische Funke so

Der heilige Augustinus als Lehrer in Karthago

manche Auseinandersetzungen und Kämpfe der vergangenen Jahrhunderten angefacht.

André Mandouze:
Saint Augustine, une africanité en question (1978)

Dichter im Karthago der Vandalen

Die Inschriften, insbesondere die Grabinschriften, zeugen von der durch die Jahrhunderte hindurch in der römischen Provinz Afrika bestehenden Verbundenheit mit der Tradition der scholastischen Poesie. Vergil bleibt für die Afrikaner der Dichter par excellence.

Trotz der vandalischen Invasion bleibt diese Schwärmerei für die Dichtkunst lebendig.

Gegen Ende des 6. Jahrhunderts erlebt das Karthago der Vandalen eine völlig unerwartete Renaissance der Dichtkunst.

In den Schulen oder am Hof der Barbarenkönige gab es zahlreiche Dichter. Von Luxorius, dem Besten unter ihnen, einem geistreichen und talentierten Mann, sind uns zahlreiche Epigramme überliefert. Um ihn herum gab es eine ganze Reihe guter Verseschmiede; ihre Werke wurden zu Beginn des 6. Jahrhunderts in einem Band, der Anthologie von Karthago, gesammelt. Diese enthält vor allem höfische und gelehrte Dichtkunst. Trotz des oft banalen Inhalts sind die Verse doch häufig gut gesetzt.

Unter all diesen Verskünstlern befand sich ein echter Dichter, Dracontius, der schöne Gedichte schrieb. Darunter *Satisfactio*, eine bewegende Elegie, in der er seine Fehler bereut und um Vergebung fleht. Außerdem *Carmen de Deo*, eine ausführliche Untersuchung in drei Bänden, die sowohl als Elegie und als Epos, aber auch als Hymne gelten kann. Sie enthält wunderbare Gedichte und vor allem Beschreibungen des Paradieses, die noch einen Milton inspirierten.

Während Dracontius und die Dichter der karthagischen Anthologie getreu die klassischen Metren verwendeten, schufen andere Afrikaner eine populäre Dichtkunst, die mehr oder weniger an jene des Commodian erinnert.

Nach Feldzügen in Gallien und Spanien setzten die Vandalen zusammen mit Gruppen von
Alanen 429 nach Nordafrika über. Hier gründeten sie bald den ersten unabhängigen germanischen Staat auf römischem Boden.

Im Gegensatz dazu ist Corippus
ein Verskünstler klassischer Tradition.
Er schrieb in regelmäßigen, kraft-
vollen Hexametern zwei großartige
Gedichte: eine vierbändige Lobrede
auf Justinian II., und die *Johanneis*,
ein historisches Epos in acht Büchern.
Dieses Epos behandelt die siegreichen
Feldzüge des byzantinischen Generals
Johannes gegen die Mauren. Trotz
aller Emphase ist es voller Frische und
Lebendigkeit und enthält malerische
Schilderungen des Landes und der
Eingeborenenstämme. Das Werk des
Corippus bildet einen würdigen Ab-
schluß der Reihe afrikanischer Dich-
tung in lateinischer Sprache.

Paul Monceaux:
*Histoire de la littérature
latine chrétienne*
(1924)

Ein vandalisches Gedicht

*Die folgende Inschrift im Bardo-Museum,
auf einen Türsturz eingemeißelt, beweist
eindrucksvoll die ungebrochene Tradition
der kaiserzeitlichen Bäderkultur:*

Betrachte die heilsamen Thermen
    und ihren schimmernden Marmor,
Du, der mit Wasser die brennende
    Hitze kühlen möchte,
An diesem Ort führt Neptun gegen
    Vulcanus einen tapferen Kampf;
Aber hier löscht weder die Welle das
    Herdfeuer, noch fügt das Feuer dem
    Wasser Schaden zu,
Gebammund, königlicher Sproß,
    erfreue dich deines Werkes;
    o Wohltäter,
Koste seine „Wonnen", ebenso wie
    dein Volk!

Z. Benzina Ben Abdallah:
Catalogue des inscriptions du Bardo
(1986)

<u>Das Karthago der Vandalen aus archäologischer Sicht</u>

Die jüngsten Ausgrabungen fördern ein völlig „vandalisiertes" Karthago zutage.

Karthago ist die letzte Stadt, die wir untersuchen werden. Seine Bedeutung zu Beginn des 5. Jahrhunderts wurde bereits hervorgehoben, und Professor Barnes wies uns bereits auf die Tatsache hin, daß die Stadt zu jener Zeit Sicherheit und ausreichenden Lebensstandard bot, um zahlreiche Flüchtlinge anzuziehen, die Rom infolge von dessen Besetzung durch die Goten im Jahr 410 verlassen mußten. Die Sicherheit war jedoch trügerisch. 419 überquerten die Vandalen die Meerenge von Gibraltar. Wenige Jahre später ließ Bonifatius eine Mauer um die Stadt bauen. (Das von einer Quelle aus der Mitte des 5. Jahrhunderts angegebene

Die Grabung des Hamburger Archäologischen Institutes im Zentrum des punischen Karthago (Herbst 1991).

Datum 425 wird jetzt durch jüngste Ausgrabungen bestätigt; die Bonifatius zugeschriebene Verantwortung dafür ist nicht gesichert, aber „die Hypothese paßt gut zum uns bekannten vorsichtigen Charakter und militärischen Wissen Bonifatius'"). Diese Maßnahmen nützten jedoch nichts. Am 19. Oktober 439 eroberten die Vandalen Karthago und sollten es ein Jahrhundert lang beherrschen.

Vor den im Rahmen der UNESCO-Kampagne „Rettet Karthago" ausgeführten Ausgrabungen wußten wir allerdings sehr wenig über die vandalische und byzantinische Epoche in Karthago.

Seit 1974 aber beschäftigen sich drei Forschergruppen mit den Problemen dieser Periode und haben bereits ernstzunehmende Ergebnisse veröffentlicht. Es handelt sich um die britische Gruppe unter der Leitung von Henry Hurst sowie um die Gruppe der Universität Michigan unter der Leitung von John Humphrey und die zweite kanadische Gruppe unter der Leitung von Edith Wightman von der Universität McMaster und mir. Die britische und kanadische Gruppe haben beide einen Sektor im Süden und Norden der Stadtmauer erforscht. Die Mauerblöcke waren größtenteils bis auf die Grundmauern abgerissen, aber der von den Steinräubern hinterlassene Plünderungsgraben bildete die Linie der Mauer sozusagen in negativer Form ab. Wir haben bereits gezeigt, daß die Form der Stadtmauer keinem theoretischen Konzept folgt, sondern vielmehr den Schutz und die Verteidigung der Gebäude und anderer wichtiger städtischer Einrichtungen zur Aufgabe hatte. Der bewohnte

Bereich erstreckte sich nun, zumindest im nordöstlichen Sektor, weiter nach Norden, als es der ursprüngliche Stadtplan zeigt.

Obwohl die direkt hinter der Stadtmauer liegenden Häuser weiter bewohnt wurden, hatte die Errichtung der Mauer zahlreiche wichtige Veränderungen in der Nachbarschaft zur Folge. So zerstörte die Mauer beispielsweise einen Teil des nördlichen Decumanus VI, der letzten im Norden liegenden, von Osten nach Westen führenden Straße. Dies führte zur Blockade des Abflußkanals des Decumanus, was unselige Folgen für die Abwasserversorgung in diesem Viertel gehabt haben muß. Ein Abschnitt des Decumanus verband sich mit dem Cardo III, und die Mauer bildete eine Sackgasse, in die die Anwohner ihre Abfälle warfen. Dieser Abfallhaufen hat uns große Mengen von Muschelschalen und Scherben von Weinamphoren überliefert; außerdem erbrachte er eine beachtliche Menge verschiedenartiger Keramikscherben, deren Erforschung sich für die Geschichte und Datierung der Keramik des 5. Jahrhunderts als besonders interessant erwiesen.

Colin M. Wells:
L'Afrique à la veille
des invasions arabes
(1982)

Übelabwehrende Dämonen-Maske aus Bein mit grotesken Zügen, Höhe 4,7 cm; aus der Grabung des Hamburger Archäologischen Instituts.

Zeittafel

Qart Hadasht

814 v. Chr.   Traditionelles Datum der Gründung Karthagos durch die phönizische Königstochter Elissa-Dido von Tyros

753   Traditionelles Datum der Gründung der Stadt Rom

8. Jh.   Karthago wird Stadt

654   Gründung von Ibiza durch die Karthager (nach Diodorus v. Sizilien)

6. Jh.   Karthagische Kolonien auf Korsika und in Marokko (Mogador)

509   Erster Vertrag zwischen Karthago und Rom

um 450   Expedition des Hanno (Periplus vor der westafrikanischen Küste)

368   Brand der Schiffsarsenale in Karthago

348   Zweiter Vertrag zwischen Karthago und Rom

310   Angriff auf die Stadt von Agathokles, dem Tyrannen von Syrakus

306   Dritter Vertrag zwischen Karthago und Rom

279/278   Vierter Vertrag zwischen Karthago und Rom

264–241   Erster Krieg mit Rom: Scheitern der Invasion des römischen Konsuls Regulus, jedoch Sieg der römischen Flotte 241 v. Chr. Karthago verliert Sizilien

226   Hamilkar schließt einen Vertrag mit Rom

218–202   Zweiter Krieg mit Rom

218   Hannibal überquert die Alpen: siegreiche Schlachten am Ticinus und am Trebia

216   Hannibal besiegt die Römer vernichtend am Trasimenischen See und bei Cannae; die Stadt Capua fällt zu den Karthagern ab

204   Der römische Feldherr Publius Cornelius Scipio setzt nach Afrika über

202   Entscheidender Sieg Scipios über Hannibal bei Zama

201   Friedensvertrag zwischen Karthago und Rom

149–146   Dritter Krieg mit Rom

146   Karthago nach dreijähriger Belagerung von Publius Cornelius Scipio Aemilianus erobert und zerstört. Ende der punisch-karthagischen Kultur

Carthago

122   Der römische Volkstribun Caius Sempronius Gracchus versucht die Gründung einer *Colonia Iunonia Carthago* in der Nähe der alten Stadt

44   Caesar beginnt kurz vor seiner Ermordung mit den Vorbereitungen für die Gründung der *Colonia Iulia Concordia Carthago*

29   Augustus verstärkt die Kolonie durch Entsendung neuer Bürger; der Byrsa-Hügel wird umgestaltet und mit einem kaiserlichen Repräsentationsforum bebaut

1. Jh. n. Chr.   Karthago wird Hauptstadt der neu organisierten römischen Provinz Africa Proconsularis

117–138   Unter der Regierung Hadrians wird die Wasserleitung erbaut

um 150   Brand Karthagos in der Regierungszeit des Kaisers Antoninus Pius

150–170   Errichtung bedeutender Neubauten in Karthago

162   Einweihung der Thermen des Antoninus Pius; der Anwalt und Schriftsteller Apuleius in Karthago

um 170   Entstehung der lateinischen Kirche Afrikas

17. Juli 180   Erstes bezeugtes Martyrium von 12 Christen aus Scilli, über ihren Gebeinen wird in Karthago eine Basilika errichtet

197   Tertullian beginnt mit der Veröffentlichung seiner Schriften

7. März 203   Martyrium der heiligen Perpetua und Felicitas

248–258   Der heilige Cyprian wird erster Bischof von Karthago und stirbt den Märtyrertod

285–305   In der Regierungszeit des Kaisers Diokletian werden Neubauten errichtet

303   Entstehung des Donatismus in Karthago

310 Maxentius, Konkurrent und Gegner Konstantins, plündert und zerstört Karthago

312–337 Wiederaufbau der Stadt unter Kaiser Konstantin

374–383 Der heilige Augustinus lehrt in Karthago

411 Das Schisma der Donatisten wird verbannt; Augustinus Bischof in Hippo Regius

425 Unter Kaiser Theodosius II. wird eine Stadtmauer errichtet

429 Die Vandalen unter König Geiserich fallen in Nordafrika ein

19. Oktober 439 Geiserich erobert Karthago

533 Ein byzantinisches Heer unter dem Feldherrn Belisar wirft das Vandalenreich nieder; Karthago gehört wieder zum Reich von Konstantinopel

647 Erste Eroberung durch die Araber

670 Gründung von Kairouan

698 Karthago wird endgültig von den Arabern erobert; Tunis nimmt künftig die Stelle von Karthago ein

Carthage

10. Jh. Der arabische Geograph Ibn Haqwal beschreibt die Ruinenstätte von Karthago

11. Jh. Der arabische Chronist El-Bekri identifiziert nach Augenzeugenberichten die Lage des antiken Karthago

12. Jh. Der arabische Geograph Idrisi besucht auf einer Reise Karthago

1270 Ludwig der Heilige, König von Frankreich, stirbt auf dem 7. Kreuzzug in Karthago

1535 Der venezianische Admiral Andrea Doria erobert den Hafen von La Goulette bei Karthago

1550 Die von dem 1494 in Granada geborenen maurischen Geographen Hasan ibn Mohammed al-Wassân (gen. Leo Africanus) verfaßte Beschreibung Nordafrikas wird in italienischer Sprache veröffentlicht

1574 Tunesien wird von den Türken erobert und Provinz des Osmanischen Reiches

1705 Das Geschlecht der Husseiniten übernimmt die Herrschaft („Régence") in Tunis

1807 François René Chateaubriand, der auf seiner Reise in den Orient die Lage von Karthago bestimmen kann, veröffentlicht sein Reisetagebuch „Itinéraire de Paris à Jérusalem"

1822–1833 Der dänische Generalkonsul C.T. Falbe zeichnet die erste archäologische Karte der Stadt und ihrer Umgebung

1840 Errichtung einer Kapelle des hl. Ludwig auf dem Byrsa-Hügel

1857 Kardinal Lavigerie und der Orden der Weißen Väter errichten die Kathedrale auf dem Byrsa-Hügel

1861 Ausgrabungen durch Charles-Étienne Beulé und Nathan Davis

1862 Gustave Flaubert veröffentlicht seinen Roman *Salammbô*

1875 P. Delattre vom Orden der Weißen Väter kommt nach Karthago und entwickelt bis zu seinem Tode (1932) dort eine intensive Ausgrabungstätigkeit

1881 Ausgrabungen durch Ernest Babelon und Salomon Reinach

1884 Gründung einer offiziellen Denkmalpflegebehörde, des *Service des Antiquités et des Arts de Tunisie*

1888–1904 Ausgrabungen durch Paul Gauckler

1921 Entdeckung der Stele des Priesters mit dem Kind und des Tophet von Karthago

1922 Ausgrabungen von Charles Saumagne

1943 Winston Churchill ruft seinen Generalstab im Theater von Karthago zusammen.

1950 Entdeckung und folgende Ausgrabung der Thermen des Antonius Pius

1957 Gründung der Republik Tunesien

1974 Beginn der internationalen UNESCO-Kampagne „*Pour sauver Carthage*" (Rettet Karthago)

Glossar

Anastylose: Rekonstruktion eines Bauwerks nach
vollständiger Demontage

Caldarium: Warmwasserraum römischer Bäder

Cella: Hauptraum im antiken Tempel

Paviment: künstlicher Fußboden

Periplus: Reiseanleitung, Segelhandbuch

Sufet: Titel des höchsten Beamten in punischen
Gemeinden

Tesselaekomposition: Komposition von Mosaiken
aus ausschließlich kleinen viereckigen Marmor-
täfelchen

Threnos: rituelle Totenklage im antiken Griechen-
land

Kleine Auswahl der weiter-
führenden Literatur

Allgemein:

B. H. Warmington: Karthago. Aufstieg und
Untergang einer antiken Weltstadt. Bergisch
Gladbach, Lübbe 1979 (Bastei/Lübbe, Geschichte,
64 024).

G. u. C. Charles-Picard: Karthago. Leben und
Kultur. Stuttgart, Reclam 1983.

H. G. Niemeyer: Die Phönizier und die Mittel-
meerwelt im Zeitalter Homers. Jahrbuch des
Römisch-Germanischen Zentralmuseums 31, 1984,
1–94.

W. Huß: Geschichte der Karthager (Handbuch
der Altertumswissenschaften Bd. III 8). München,
Beck 1985.

S. Moscati (Hrsg.): Die Phönizier. Deutsche Ausgabe des Katalogs der Ausstellung im Palazzo Grassi, Venedig 1988. Hamburg, Hoffmann & Campe 1988.

W. Huß: Die Karthager. München, Beck 1990.

W. Elliger: Karthago. Stadt der Punier, Römer, Christen. Stuttgart, Kohlhammer 1990.

U. Gehrig – H. G. Niemeyer (Hrsg.): Die Phönizier im Zeitalter Homers. Katalog der Ausstellung Hannover 1990. Mainz, Zabern 1990.

W. Huß (Hrsg.): Karthago (Wege der Forschung, Bd. 654). Darmstadt, Wissenschaftliche Buchgesellschaft 1992. (Mit ausführlichem Literaturverzeichnis)

Neuere Archäologische Forschungen:

Fr. Rakob: Zur Siedlungstopographie des punischen Karthago. Mitteilungen des Deutschen Archäologischen Instituts. Römische Abteilung 94 (1987), 333–349.

M. Vegas: Archaische und mittelpunische Keramik aus Karthago. Mitteilungen des Deutschen Archäologischen Instituts. Römische Abteilung 96 (1989), 209–266.

H. G. Niemeyer: Das frühe Karthago und die phönizische Expansion im Mittelmeerraum: als öffentlicher Vortrag der Joachim Jungius-Gesellschaft der Wissenschaften gehalten am 31.5.1988 in Hamburg. Göttingen; Zürich 1989 (Veröffentlichungen der Joachim Jungius-Gesellschaft der Wissenschaften Hamburg; Nr. 60).

H. G. Niemeyer: Karthago, Stadt der Phönizier am Mittelmeer. Antike Welt 21: Heft 2 (1990), 89–105.

Fr. Rakob: Ein punisches Heiligtum in Karthago und sein römischer Nachfolgebau. Erster Vorbericht. Mitteilungen des Deutschen Archäologischen Instituts. Römische Abteilung 98 (1991), 33–80.

H. G. Niemeyer, R. F. Docter und Mitarbeiter: Die Grabung unter dem Decumanus Maximus von Karthago. Vorbericht über die Kampagnen 1986–91 mit einem Anhang von F. O. Hvidberg-Hansen. Mitteilungen des Deutschen Archäologischen Instituts. Römische Abteilung 100 (1993), 201–244 (Grabungen des Hamburger Archäologischen Instituts im archaischen Wohnquartier am Osthang des Byrsa-Hügels)

Verwendete Literatur

Justinus: XVIII, 5. Aus dem Französischen übersetzt von Anne-Beatrice Meidow.

Vergil: Aeneis, Lateinisch – Deutsch von Joh. Götte. © Artemis Verlags AG, Zürich.

Hans Georg Niemeyer: Die Stadt Karthago in Vergils Aeneis; aus: Vorträge des Colloquium Didacticum Classicum XIV Barense. Der Altsprachliche Unterricht Jg. 36, Heft 2, 1993. Erhard Friedrich Verlag, Seelze.

Serge Lancel: Carthage. Fayard, Paris 1992. Übersetzt von Anne-Beatrice Meidow.

Hans Georg Niemeyer: Karthago, Stadt der Phönizier am Mittelmeer; aus: Antike Welt 21. Verlag Philipp v. Zabern, Mainz 1990.

Aristoteles: Politeia 2,11, p. 1272b–1273b nach der Übersetzung von Otto Meltzer: Geschichte der Karthager, Bd. 2, 1896.

Polybios: Geschichte. Eingeleitet und übertragen von Hans Drexler. © Artemis Verlags AG, Zürich 1961.

M'hamed Hassine Fantar: Carthage, les arts et les lettres. Editions UBCI, Tunis 1991. Übersetzt von Anne-Beatrice Meidow.

Otto Meltzer: Geschichte der Karthager, Bd. 1, 1879.

Jules Michelet: Histoire de la République romaine. Paris 1866. Übersetzt von Anne-Beatrice Meidow.

W. Robertson Smith: Die Religion der Semiten. Tübingen 1899.

Gustave Flaubert: Salammbô. Übersetzung von
Georg Brustgi. it 342, © Insel Verlag, Frankfurt am
Main 1979. S. 305–307.

Sabatino Moscati / Sergio Ribichini: Il sacrifico
punico dei fanciulli, realtà o invenzione?; aus: Acca-
demia Nazionale dei Lincei 1987. Aus dem Französischen übersetzt von Anne-Beatrice Meidow.

Sabatino Moscati: Gli adoratori del Moloch. Inda-
gine su un celebre rito Cartaginese. Jaca Books,
Mailand 1991. Aus dem Italienischen übersetzt von
Hans Georg Niemeyer.

Jehan Desanges: Le Périple d'Hannon; aus:
Recherches sur l'activité des Meditérranéens aux
confins de l'Afrique. Rom 1978. Übersetzt von
Anne-Beatrice Meidow.

Theodor Mommsen: Römische Geschichte. 6. Aufl.,
1874.

François Chateaubriand: Itinéraire de Paris à Jérusalem. Paris 1811. Übersetzt von Anne-Beatrice
Meidow.

Bernard Andreae: Laokoon und die Gründung
Roms. © Verlag Philipp v. Zabern, Mainz 1988.

Werner Huß: Geschichte der Karthager.
© Verlag C. H. Beck, München 1985.

Jean Deneauve: Le tracé monumental de Byrsa à
l'époque romaine. Etat actuel des recherches dans
Carthage VI; aus: Cahiers des études anciennes
XVI. Québec 1984. Übersetzt von H. G. Niemeyer.

Pierre Gros: Le premier urbanisme de la Colonia
Julia Carthago; aus: L'Afrique dans l'Occident
romain. Rom 1990. Übersetzt von Anne-Beatrice
Meidow.

Gilbert-Charles Picard: La Civilisation de l'Afrique
romaine. Etudes augustiennes, Paris 1990. Übersetzt
von Anne-Beatrice Meidow.

Pierre Grimal: Le théâtre antique. P.U.F., Paris 1978.
Übersetzt von Anne-Beatrice Meidow.

Azedine Beschaouch: A propos de la mosaïque de
Smirat; aus: L'Africa romana, Dez. 1986. Übersetzt
von Anne-Beatrice Meidow.

Abdelmagid Ennabli: Pour sauver Carthage.
UNESCO / INAA, Paris 1992. Übersetzt von Anne-
Beatrice Meidow.

Friedrich Rakob (Hrsg.): Karthago. Die deutschen
Ausgrabungen in Karthago, Bd. 1. © Verlag Philipp
v. Zabern, Mainz 1991.

Al-Idrisi: Le Maghreb au VIᶜ siècle de l'Hégire /
XIIᶜ siècle apr. J.-C. Französische Übersetzung von
Mohamed Hadj Sadok. Pubilsud, Paris 1983. Über-
setzt von Anne-Beatrice Meidow.

Ibn Khaldoun: Histoire des Berbères et des dynasties musulmanes de l'Afrique septentrionale. Algier
1853. Übersetzt von Anne-Beatrice Meidow.

Marmol: L'Afrique. Paris 1667. Übersetzt von Anne-
Beatrice Meidow.

Al-Kaïrouani: Histoire de l'Afrique. Paris 1845.
Übersetzt von Anne-Beatrice Meidow.

Friedrich Rakob: Das Quellheiligtum in Zaghouan
und die römische Wasserleitung nach Karthago;
aus: Mitteilungen des Deutschen Archäologischen
Instituts, Römische Abteilung 81. © Verlag Philipp
v. Zabern, Mainz 1979.

Winfried Elliger: Karthago. Stadt der Punier, Römer,
Christen. © W. Kohlhammer GmbH, Stuttgart,
1990, S. 167, 183, 185–188.

Eduard Norden: Die antike Kunstprosa vom 6. Jahrhundert bis in die Zeit der Renaissance, Bd. 2.
© B. G. Teubner, Stuttgart, 1909/1983.

Jacques Fontaine: La littérature latine chrétienne.
P.U.F., Paris 1970. Übersetzt von Anne-Beatrice
Meidow.

Henri-Irénée Marrou: L'Eglise de l'Antiquité tardive
(303–604). Le Seuil, Paris 1985. Übersetzt von
Anne-Beatrice Meidow.

André Mandouze: Saint Augustine, une africanité
en question; aus: Les Africains, Bd. 10. Jeune
Afrique, Paris 1978. Übersetzt von Anne-Beatrice
Meidow.

Paul Monceaux: Histoire de la littérature latine
chrétienne. Payot, Paris 1924. Übersetzt von Anne-
Beatrice Meidow.

Z. Benzina Ben Abdallah: Catalogue des inscriptions du Bardo. Rom 1986. Übersetzt von Anne-
Beatrice Meidow.

Colin M. Wells: L'Afrique à la veille des invasions
arabes; aus: L'Afrique romaine. Editions de l'Uni-
versité d'Ottawa. Ottawa 1982. Übersetzt von Anne-
Beatrice Meidow.

Bildnachweis

Umschlag
Vorderseite: Ansicht einer Ausgrabungsstätte in
Karthago. © Photo: Kabanas/Weinert, Stuttgart
1994.
Rückseite: Karthago in punischer Zeit. Rekonstruktionszeichnung aus dem frühen 20. Jh. Paris, Bibliothèque des Arts décoratifs. Photo: J.-L. Charmet.
Buchrücken: Votivstatuette punischer Zeit aus Terra-
cotta. Karthago, Museum. Photo: Gallimard, Paris.

Bildvorspann
1–9 Illustrationen von Pierre Noël zu Gustave
Flauberts Roman „Salammbô", 1931. Paris, Bibliothèque nationale.
11 Terrakottamaske eines punischen Mannes,
6. Jh. v. Chr. Karthago, Museum. Photo: Gallimard,
Paris.

Erstes Kapitel
12 Aeneas berichtet Dido vom Schicksal Trojas.
Ausschnitt aus einem Gemälde von Pierre-Narcisse
Guérin aus dem 19. Jh. Paris, Musée du Louvre.
Photo: Réunion des Musées nationaux, Paris.
13 Ausladen eines Schiffes. Mosaik aus dem 3. Jh.
Sousse (Tunesien). Photo: Sipa Press/Cinello.
14/15 Dido gründet Karthago. Gemälde von
William Turner. London, National Gallery. Photo:
Bridgeman/Giraudon, Paris.
16 (oben) Porträt Didos: Detail der Miniatur
„Aeneas erreicht Karthago", einer Illustration der
Vergilschen „Aeneis". Photo: Aisa, Barcelona.
16 (unten) Vergil und zwei Musen. Mosaik aus
dem frühen 3. Jh. Tunis, Bardo-Museum. Photo:
Gallimard, Paris.
16/17 Didos Tod. Miniatur aus der Übersetzung
der „Aeneis" von Saint Gelais. Paris, Bibliothèque
nationale. Photo: Edimedia.
18 Transport libanesischen Holzes entlang der
phönizischen Küste. Steinrelief aus dem Palast des
assyrischen Königs Sargon II. in Khorsabad, 8. Jh.
v. Chr. Paris, Musée du Louvre. Photo: Réunion des
Musées nationaux, Paris.
18/19 Karte der phönizischen Expansion. Zeichnung: Patrick Mérienne.
19 Transport von Baumaterial. Detail eines assyrischen Reliefs. London, British Museum. Photo:
Artephot/Nimatallah.
20 (oben) Grundriß des Tempels in Jerusalem.
Manuskript aus dem 13. oder 14. Jh. von Nicolai
von Lyra. Photo: Aisa, Barcelona.
20 (Mitte) Alphabetvergleiche aus „Univers Pittoresque, Afrique Ancienne" von 1844. Paris, Bibliothèque nationale.
20/21 Der Tempel in Jerusalem in einer Rekonstruktion von Chipiez. Photo: Aisa, Barcelona.
21 Phönizische Schiffstypen des 3. bis letzten Jh.
v. Chr. Photo: Aisa, Barcelona.

22/23 Hannibal während der Punischen Kriege in
Italien. Fresko von Jacopo Ripanda, um 1508–1513.
Rom, Kapitolinische Museen. Photo: Dagli Orti.
22 Porträtbüste des Hannibal aus dem antiken
Volubilis (Marokko). Photo: Gallimard, Paris.
23 Vier Soldaten. Siegel in Form eines Skarabäus
aus Jaspis, 4. bis 3. Jh. v. Chr. Paris, Institut national
d'art et d'archéologie. Photo: Gallimard, Paris.
24/25 Publius Cornelius Scipio und Hannibal in
der Schlacht von Zama. Tapisserie aus einer flämi-
schen Manufaktur (Arazzi). Rom, Quirinalspalast.
Photo: Scala, Florenz.
26 Bronzene Porträtbüste des Publius Cornelius
Scipio. Neapel, Nationalmuseum. Photo: Aisa,
Barcelona.
26/27 Die Befestigungsmauern von Thapsus,
Tunesien. Zeichnung aus Ch. Tissot: „Géographie
comparée de la province romaine d'Afrique", 1884.
Paris, Bibliothèque nationale.
27 Scipio bei der Belagerung Karthagos. Skizzen-
karton für die Dekoration des Pariser Pantheons
von Paul Chenavard, 1848. Lyon, Musée des Beaux-
Arts. Photo: Studio Basset, Lyon.
28 Das Ende Karthagos. Illustration für eine in
Ungarn erschienene „Histoire générale des peuples",
1880. Photo: J.-L. Charmet.
29 (links) Porträtbüste des Caius Marius. Florenz,
Uffizien. Photo: Brogi/Giraudon, Paris.
29 (rechts) Sog. Rostra (= Schiffsschnabel)-Säule,
geschmückt mit den Bugen erbeuteter Kriegsschiffe
und errichtet zu Ehren des Divus Julius. Aus: „Univers Pittoresque, Afrique Ancienne", 1844. Paris,
Bibliothèque nationale.
30 Porträt Tertullians aus dem 16. Jh. Lithographie
von Julien nach Etienne Gautier. Paris, Bibliothèque
nationale. Photo: Giraudon.
30/31 (oben) Domäne des Gutsherrn Julius.
Mosaik, Karthago. Photo: Gallimard, Paris.
30/31 (unten) Ansicht der Domäne des Gutherrn
Julius. Mosaik aus Tabarka, 4. Jh. Tunis, Bardo-
Museum. Photo: Dagli Orti.
32 (oben) Die den wilden Tieren ausgelieferten
Heiligen Savin und Cyprianus. Fresko aus dem
12. Jh. Saint-Savin-sur-Gartempe. Photo: Dagli Orti.
32 (unten) Der heilige Augustinus wird von seinen
Eltern nach Tagaste (Karthago) begleitet. Fresko von
Benozzo Gozzoli, 1464–1465, San Agostino in San
Gimignano (Italien). Photo: Giraudon.
33 Der heilige Augustinus. Detail eines Gemäldes
von Sandro Botticelli. Florenz, Ognissanti. Photo:
Scala, Florenz.
34 Eucharistiegefäß aus Douimes, 5. Jh. Photo:
Dagli Orti.
34/35 Ausschnitt einer arabischen Karte des
Mittelmeeres aus dem 16. Jh. Manuskript 2214, fol.
10. Paris, Bibliothèque nationale.
35 (oben) Geiserich und die Vandalen. Chromo-
lithographie um 1900. Privatsammlung. Photo:
Edimedia.
35 (unten) Barbarische Ritter vor Rom. Zeichnung
von Luminais, 1870. Privats. Photo: J.-L. Charmet.

Zweites Kapitel
36   Die Ruine des großen Aquädukts von
Karthago. Kolorierter Stich aus dem 19. Jh. Paris,
Bibliothèque nationale.
37   Die Göttin Tanit von Thenos. Cagliari (Sardinien), Museum. Photo: Scala, Florenz.
38   Karte des Mittelmeers von Idrisi. Manuskript
Pococke 357. Oxford, Bodleian Library.
39   Die Thermen des Antonius in Karthago.
Photo: Dagli Orti.
40/41   (oben) Ausschnitt aus dem arabischen
Manuskript Nr. 2218, „Straßen und Königreiche"
von El Bekri, 13. Jh. Paris, Bibliothèque nationale.
40/41   (unten) Weltkarte. Manuskript Pococke
357. Oxford, Bodleian Library. Photo: Aisa,
Barcelona.
42   Die Thermen des Antonius in Karthago. Photo:
Gallimard, Paris.
41/42   Die Einnahme von Tunis im Jahr 1505
durch Karl V. Stich aus dem 16. Jh. Paris, Bibliothèque nationale.
43   Gründung des Hospitals von Siena. Fresko von
Domenico di Bartolo, 1443. Siena, Hospital von
Santa Maria della Scala. Photo: Aisa, Barcelona.
44   (links) Münze aus dem 3. Jh. v. Chr. Karthago,
Museum.
44   (rechts) Grabstele, ausgegraben von Humbert.
Leiden, Rijksmuseum van Oudheden.
45   (links) Mosaik mit Blütenmotiv, in Karthago
gefunden von Nathan Davis. London, British
Museum.
45   (rechts) Pater Delattre. Photo aus: „Carthage
aujourd'hui, Carthage autrefois", 1936. Paris, Bibliothèque nationale.
46/47   Ruinen des Marstempels. Kolorierter Stich.
Ebd.
47   (oben) Karte von Nordafrika von E. Danti und
S. Buonsignori. Florenz, Palazzo Vecchio. Photo:
Scala, Florenz.
47   (rechts) Terrakottastatuette einer Musikantin
aus punischer Zeit. Karthago, Museum. Photo:
Gallimard, Paris.
48   (Mitte) Maske aus Glasfluß aus einer der punischen Nekropolen, 3. Jh. v. Chr. Karthago, Museum.
Photo: Dagli Orti.
48   (unten) Goldener Ring aus dem 4. Jh. v. Chr.
Karthago, Museum. Photo: Gallimard, Paris.
49   (oben) Topographische Karte Karthagos mit
römischem Stadtgrundriß und den Sektoren der
internationalen Ausgrabungen unter der Aufsicht
der UNESCO.
49   (rechts) Einzelteile eines Colliers aus dem
frühen 6. Jh. v. Chr. Tunis, Bardo-Museum. Photo:
Gallimard, Paris.

Drittes Kapitel
50   Dido in Karthago. Gemälde von Claude Lor-
rain aus dem 17. Jh. Hamburg, Kunsthalle.
51   Grabstele mit Delphinen und Vögeln. Stich
aus: „Recherches sur l'emplacement de Carthage"
von C. T. Falbe, 1833. Paris, Bibliothèque nationale.

52   „Bougie (Bejaia) und sein Hafen". Stich aus:
„De la géographie du Nord de l'Afrique" von
A. Rabusson, 1856. Ebd.
52/53   (oben) Ausschnitt eines Briefes von
A. Rabusson vom 9. März 1856. Paris, Archiv des
Institut national d'art et d'archéologie. Photo: Gallimard, Paris.
52/53   (unten) „Ansicht der südlichen Ecke der
Ruinen von Karthago". Zeichnung aus: „Recherches
sur l'emplacement de Carthage" von C. T. Falbe,
1837. Kopenhagen, Nationalmuseum.
54   (links) Der punische Saal im Museum Lavigerie
in Karthago. Photo: Cap/Viollet.
54   (rechts) Archäologische Expedition nach Tunesien von M. M. Babelon und Salomon Reinach,
1883 – 1884. Photo: Société de Géographie, Bibliothèque nationale, Paris.
54/55   (unten) Zeichnungen aus dem Grabungs-
heft von Paul Gauckler vom 13. März 1899. Paris,
Bibliothèque nationale.
55   Grab und Zisterne. Photo aus: „Nécropoles
puniques de Carthage" von P. Gauckler. Paris,
Bibliothèque nationale.
56   Archäologische Expedition von M. M. Babelon
und Salomon Reinach, 1883 – 1884. Photos: Société
de Géographie, Bibliothèque nationale, Paris.
57   (unten) Töpferofen aus Karthago. Dermech,
1901. Photo aus: „Nécropoles puniques de Carthage"
von P. Gauckler. Photo: Bibliothèque nationale,
Paris.
58/59   Grabungsbuch von P. Gauckler vom
24. Dezember 1899, Grab Nr. 177. Paris, Bibliothèque nationale.
59   Bronzenes Rasiermesser (Votivgabe) aus
Karthago, verziert mit dem Motiv einer sitzenden
Figur, 3. Jh. v. Chr. Karthago, Museum. Photo:
Edition Fabbri/Piero Baguzzi.
60   Fragmente von Fußbodenbelägen aus Häusern
des punischen Viertels auf dem Byrsa-Hügel. Photo:
Gallimard, Paris.
60/61   Das Haus C2 im Zentrum des Häuser-
blocks C. Zeichnung von Gérard Robine. Photo:
Gallimard, Paris.
61   Die „städtebauliche Inschrift" auf einer schwarzen Kalksteintafel von der „Straße der Republik" in
Karthago. Tunis, Bardo-Museum. Photo: Magnum/
E. Lessing.
62   Goldplättchen mit phönizischen Inschriften.
Tunis, Bardo-Museum. Photo: Aisa, Barcelona.
62/63   Rekonstruktion der punischen Festungs-
mauern aus dem 5. bis 3. Jh. v. Chr. von Friedrich
Rakob. Photo: Gallimard, Paris.
63   Byrsa-Hügel: das Viertel der punischen Häuser.
Zeichnung von Gérard Robine. Photo: Gallimard,
Paris.
64/65   Modell des punischen Viertels in unterschiedlichen Ansichten. Karthago, Museum. Photo:
Elf Aquitaine.
66   Porträt von François René Vicomte de Chateaubriand. Stich. Photo: Edimedia.

66/67 Rekonstruktionszeichnung der Hafenanlagen von Karthago. Karthago, Museum. Photo: Dagli Orti.

68 (oben) Detail eines punischen Kriegsschiffs von Marsala (Sizilien), 3. bis 2. Jh. v. Chr. Photo: Edition Fabbri/Giuseppe Leone.

68 (unten) Modell der sog. „Admiralitätsinsel" von Karthago. Karthago, Museum. Photo: Gallimard, Paris.

68/69 Rekonstruktionszeichnung der „Admiralitätsinsel" mit Rampen, Schiffshäusern und Lagerhallen. Karthago, Museum. Photo: Gallimard, Paris.

69 Die punischen Häfen aus der Vogelperspektive. Photo: Gallimard, Paris.

70 (links oben) Querschnitt durch ein karthagisches Schiff zur Personenbeförderung aus dem 3. Jh. v. Chr. Zeichnung von Piero Bartoloni. Photo: Edition Fabbri.

70 (links unten) Querschnitt durch ein karthagisches Frachtschiff aus dem 3. Jh. v. Chr. Photo: Edition Fabbri.

70 (rechts) Skizze der Häfen Karthagos, aus: „Fouilles à Carthage" von Beulé. Paris, Bibliothèque nationale.

71 (oben) Karthagische und römische Schiffe auf dem Wasser. Aquarell. Madrid, Marinemuseum. Photo: Edition Fabbri.

Viertes Kapitel

72 Radierung von André Lambert aus „Salammbô" von Gustave Flaubert, Ausgabe 1948. Paris, Bibliothèque nationale.

73 Bemalte Götterstatuette aus Terrakotta von Meniko, 4. Jh. v. Chr. Nikosia, Zypernmuseum. Photo: Edition Fabbri/Mario Matteuci.

74 (links) Sandsteinstele aus dem „Tophet" von Karthago, 6. Jh. v. Chr. Photo: Gallimard, Paris.

74 (unten) Photoporträt Gustave Flauberts von Nadar. Photo: J.-L. Charmet.

75 Radierung von André Lambert aus „Salammbô" von Gustave Flaubert, Ausgabe 1948. Paris, Bibliothèque nationale.

76 (links) Ebenso.

76 (rechts) Situation im „Tophet". Photo: Magnum/E. Lessing.

77 (links) Votivstele, genannt „Der Priester mit dem Kind", Kalkstein, 3. Jh. v. Chr. Tunis, Bardo-Museum. Photo: Gallimard, Paris.

77 (rechts) Sarkophag aus der Nekropole von Utica (Tunesien). Photo: Magnum/E. Lessing.

78 Punische Grabstele aus dem 4. Jh. v. Chr. aus Marsala. Palermo, Archäologisches Museum. Photo: Dagli Orti.

78/79 Rekonstruktion eines punischen Grabes. Zeichnung von Philippe de Carbonnières. Photo: Gallimard, Paris.

79 Grabstelen im „Tophet" von Karthago. Photo: Magnum/E. Lessing.

80 (links) Votivstele mit dem Zeichen der Göttin Tanit. Kalkstein, 3. bis 2. Jh. v. Chr. Paris, Musée du Louvre. Photo: Réunion des Musées nationaux, Paris.

80 (rechts) Ba'al Hammon, römische Terrakottastatuette. Tunis, Bardo-Museum.

81 Votivstele mit dem Zeichen der Göttin Tanit? Karthago, Museum. Photo: Réunion des Musées nationaux, Paris.

82 (oben Mitte) Schmuckkästchen aus Terrakotta mit dem Zeichen der Göttin Tanit aus punischer Zeit. Karthago, Museum. Photo: Gallimard, Paris.

82 (links) Statuette griechischen Typs aus Terrakotta, aus Puig des Molins. Barcelona, Archäologisches Museum. Photo: Dagli Orti.

82 (Mitte) Terrakottamedaillon aus dem 4. Jh. v. Chr. Barcelona, Archäologisches Museum. Photo: Gallimard, Paris.

82 (Mitte unten) Frauenfigur aus Terrakotta mit einer Halskette, aus Puig des Molins. Barcelona, Archäologisches Museum. Photo: Dagli Orti.

82 (unten rechts) Glasflasche aus Cirta, 7. Jh. v. Chr. Constantine, Archäologisches Museum. Photo: Dagli Orti.

83 Satyr. Terrakottarelief von Ibiza. Barcelona, Archäologisches Museum.

84 Terrakottafigur im karthagischen Stil von der Iberischen Halbinsel. Barcelona, Archäologisches Museum. Photo: Aisa, Barcelona.

84/85 (oben) Der archäologische Park mit den deutschen Grabungen von Friedrich Rakob. Photo: Gallimard, Paris.

84/85 (unten) Ansicht des Byrsa-Hügels. Stich aus: „Mission à Carthage" von Sainte-Marie, 1884. Paris, Bibliothèque nationale.

85 (oben) Tonsiegel des Thutmosis III. Karthago, 4. Jh. v. Chr. Photo: Gallimard, Paris.

86 (links) Terrakottastatuette einer Musikantin, 6. Jh. v. Chr. Karthago, Museum. Photo: Gallimard, Paris.

86 (rechts) Tonmodell eines Heiligtums aus Idalion (Zypern), 8. Jh. v. Chr. Paris, Musée du Louvre. Photo: Réunion des Musées nationaux, Paris.

87 Kalksteintafel mit dem sogenannten „Tarif von Marseille". Marseille, Musée Borelli. Photo: Yves Gallois, Marseille.

Fünftes Kapitel

88 Rekonstruktion des Forums von Karthago, Ausschnitt mit der Gerichtsbasilika. Karthago, Museum. Photo: Dagli Orti.

89 Porträtbüste des Augustus. Rom, Apostolische Bibliothek. Photo: Scala, Florenz.

90 Karte des römischen Karthago.nach Hurst und Roskams, 1984. Photo: Gallimard, Paris.

91 Die Villa „La Volière" in Karthago. Photo: Gallimard, Paris.

92/93 Karte der auf dem Byrsa-Hügel entdeckten Ruinen. Zeichnung von Charles Saumagne. Photo: Gallimard, Paris.

93 (oben) Die Kapelle Ludwigs des Heiligen in Karthago. Stich. Paris, Bibliothèque nationale.

93   (unten) Monseigneur Lavigerie. Gemälde von L. Bonnet. Paris, Musée de Versailles. Photo: H. Josse.
94   Axonometrische Rekonstruktion der Gerichtsbasilika. Zeichnung von G. Robine. Photo: Gallimard, Paris.
94/95   Die Säulen der Gerichtsbasilika in Karthago. Photo: Dagli Orti.
95   Rekonstruktion des Forums. Karthago, Museum. Photo: Ebd.
96   (oben) Monumentale weibliche Porträtbüste mit Diadem, gefunden in Karthago. Paris, Musée du Louvre. Photo: Réunion des Musées nationaux, Paris.
96   (unten) Sarkophag mit einem Bildnis des Verstorbenen und den vier Jahreszeiten. 4. Jh. Karthago. Photo: Gallimard, Paris.
97   (rechts) Terrakottastatue aus römischer Zeit. Karthago, Museum. Photo: Ebd.
97   (unten) Der Tempel von Dougga (Thugga). Stich aus: „Univers Pittoresque, Afrique Ancienne". Photo: Bibliothèque nationale, Paris.
98   (oben) Karte der deutschen Grabungen von Friedrich Rakob.
98   (unten) Porträtbüste Mark Aurels. Marmor, 3. Jh. Toulouse, Musée Saint-Raymond. Photo: Lauros, Giraudon.
99   Die Villa „La Volière" in Karthago. Photo: Gallimard, Paris.
100   Das römische Theater vor der Restaurierung. Photo vom 30. März 1925 von George Swain, University of Michigan. Photo: Ebd.
100/101   Das römische Theater aus dem 2. Jh. Photo: Ebd.
101   Rekonstruktion der Thermen des Antonius von Friedrich Rakob.
102   (oben) Axonometrische Rekonstruktion der Thermen des Antonius von Friedrich Rakob.
102   (unten) Porträt Tertullians. Stich von Thevet. Paris, Bibliothèque nationale.
103   (oben) Votivstele, dem Saturn geweiht am 8. November 323. Kalksandstein. Tunis, Institut national d'art et d'archéologie. Photo: Gallimard, Paris.
103   (unten) Kultobjekte und Opfergerätschaften aus römischer Zeit. Anonymer Stich. Privatsammlung. Photo: Edimedia.
104   (oben) Kybele. Relief. Rom, Antiquarium del Palatino. Photo: Scala, Florenz.
104   (unten) Kolossalstatue des Äskulap aus Marmor. Tazoult Lambèse, Museum. Photo: Dagli Orti.
105   (oben) Widmung an Isis und Serapis (Sarapis) aus römischer Zeit. Karthago, Museum. Photo: Gallimard, Paris.
105   (unten) Amphitheater in Karthago. Photo: Dagli Orti.
106   (oben und unten) Der siegreiche Eros bei den Zirkusspielen. Mosaik aus Dougga (Thugga), 4. Jh. Tunis, Bardo-Museum. Photo: Dagli Orti.
106/107   Komödienszene. Relief. Neapel, Museum. Photo: Scala, Florenz.
107   (oben) „Ave Caesar! Die Totgeweihten grüßen dich!" Gemälde von J.-L. Gérome. Yale University Art Gallery.

107   (unten) Siegreicher Wagenlenker. Statue aus weißem Marmor, 3. Jh. Karthago, Museum. Photo: Gallimard, Paris.
108   (oben) „Der Wagenlenker Quiriacus". Mosaik aus Karthago vom Beginn des 4. Jhs. Tunis, Bardo-Museum. Photo: Ebd.
109   (oben) Römisches Mosaik: Zirkusszene. Rom, Galleria Borghese. Photo: Scala, Florenz.
109   (unten) Zuschauer im Zirkus. Mosaik aus Gafsa, 5. Jh. Tunis, Bardo-Museum.
110   Die Villa „La Volière" in Karthago. Photo vom 30. März 1925 von Georges Swain, University of Michigan. Photo: Gallimard, Paris.
110/111   Das Pferdemosaik in der Villa „La Volière" in Karthago. Photo: Dagli Orti.
112/113   Würfelspieler. Ausschnitt aus dem Pferdemosaik. Fußboden der Villa „La Volière", Karthago. Photo: Ebd.
114   (oben) Mosaik mit der Darstellung gymnastischer Übungen. Teil eines Fußbodenmosaiks aus dem 4. Jh. Gafsa, Museum. Photo: Gallimard, Paris.
114   (unten) „Theagenes assistiert bei den pythischen Spielen in Delphi". Zeichnung von Ambroise Dubois. Paris, École des Beaux-Arts. Photo: Giraudon.
115   (oben links) Mosaik mit der Darstellung gymnastischer Übungen. Teil eines Fußbodenmosaiks aus dem 4. Jh. Gafsa, Museum. Photo: Gallimard, Paris.
115   (unten) Statue des Apollo. Karthago, 3. Jh. Tunis, Bardo-Museum. Photo: Ebd.

Sechstes Kapitel

116   „Die Dame von Karthago". Mosaik von den Hügeln von Sayda, 5. Jh. Karthago, Museum. Photo: Dagli Orti.
117   Terrakottareliquiar mit einem konstantinischen Chrismon (Christusmonogramm), 5. Jh. Karthago, Museum. Photo: Dagli Orti.
118/119   Grundriß der Basilika von Damous el Karita. Zeichnung aus dem 19. Jh. Photo: ND/Viollet.
119   (oben) Grab des Bischofs Flavius Vitalis. Mosaik. Bordj Youdi. Photo: Gallimard, Paris.
119   (unten links) Ausschnitt aus dem „Sarkophag des guten Hirten", Anfang 4. Jh. Karthago, Museum. Photo: Ebd.
119   (unten rechts) „Sarkophag des guten Hirten". Marmor, Ende 5. Jh. Karthago, Museum. Photo: Dagli Orti.
120   (oben) Die heilige Perpetua. Mosaik, Ende 5. Jh. Ravenna, Kapelle des Erzbischofs. Photo: Scala, Florenz.
120   (unten) Das Martyrium der heiligen Perpetua und der heiligen Felicitas. Stich aus: „Triomphe des Martyrs" von Nicolas Circiniani. Paris, Bibliothèque nationale.
121   Fulgentius von Ruspe. Stich von J. Sadeler, nach Martin de Vos. 17. Jh. Paris, Bibliothèque des Arts décoratifs.

122 Personifikation Karthagos. Mosaik aus dem 2. Jh. Paris, Musée du Louvre. Photo: Réunion des Musées nationaux, Paris.

123 (oben) Die „Albertinischen Tafeln", Privataufzeichnungen des vandalischen Bischofs vom 13. Januar 494. Paris, Bibliothèque nationale.

123 (unten) Mit einem römischen Legionär kämpfender Barbar. Relief aus dem 2. Jh. Paris, Musée du Louvre. Photo: Lauros, Giraudon.

124/125 Die byzantinische Basilika in Karthago. Photo: Collection Sirot/Angel.

125 Axonometrischer Plan der Basilika von Karthago mit der angebauten Kapelle und dem Baptisterium. Zeichnung von L. Ennabli. Photo: Gallimard, Paris.

126 (oben) Ansicht von Tunis aus dem „Welttheater" von Jean Blaeu. Amsterdam, 1645. Barcelona, Katalonische Bibliothek. Photo: Aisa, Barcelona.

126 (unten) Goldmünze aus byzantinischer Zeit. El-Djem, Museum. Photo: Gallimard, Paris.

127 Das heutige Karthago aus der Vogelperspektive. Photo: Ebd.

128 Amor bei der Weinlese. Mosaik aus Karthago, 2. Jh. Paris, Musée du Louvre. Photo: Réunion des Musées nationaux, Paris.

Zeugnisse und Dokumente

129 Grabungsfunde aus Karthago. Zeichnung nach einer Photographie von M. Garrigues in M. de Sainte-Marie: Mission à Carthage (1884). Paris, Bibliothèque nationale.

130 Dido akzeptiert den Ehevertrag mit Aeneas. Anonymes Gemälde aus dem 15. Jh. Paris, Musée du Louvre. Photo: Réunion des Musées nationaux, Paris.

131 Rekonstruierte Siedlungsfläche des archaischen Karthago. Graphik: H. G. Niemeyer, Hamburg.

133 Der Stadthügel von Karthago (Byrsa). Photo: Chr. Briese, Hamburg.

134–135 Karthago in punischer Zeit. Rekonstruktionsskizze aus dem frühen 20. Jh. Paris, Bibliothèque des Arts décoratifs. Photo: J. L. Charmet.

138 Punischer Fries. Rekonstruktion durch Gérard Robine. Photo: Gérard Robine.

139 Karte Karthagos im Jahr 607. Stich aus dem 18. Jh. Photo: J. L. Charmet.

140/141 Punische Flachreliefe aus Elfenbein mit ägyptisierenden Themen. Karthago, Museum. Photo: Gallimard, Paris.

142 Der Gott Moloch. Zeichnung von Morin-Jean aus dem Jahr 1931 zu Gustave Flauberts Roman „Salammbô". Paris, Bibliothèque nationale. Photo: Gallimard, Paris.

144 Radierung von Rochegrosse aus dem Jahr 1900 zu Gustave Flauberts Roman „Salammbô". Paris, Bibliothèque nationale. Photo: Ebd.

145 Der Gott Moloch. Radierung von Rochegrosse aus dem Jahr 1900 zu Gustave Flauberts Roman „Salammbô". Paris, Bibliothèque nationale. Photo: Ebd.

146 Der Tophet von Karthago. Photo: H. G. Niemeyer, Hamburg

148 Münze mit der Darstellung eines phönizischen Schiffes. Stich aus „Univers pittoresque, Afrique Ancienne" von 1844. Paris, Bibliothèque nationale.

149 Die Triere des Hamilkar. Radierung von Rochegrosse aus dem Jahr 1900 zu Gustave Flauberts Roman „Salammbô". Paris, Bibliothèque nationale.

150 Modell eines phönizischen Schiffes. Mailand, Museum für Wissenschaft und Technik. Photo: Scala, Florenz.

151 Ruinenhügel der phönizischen Niederlassung Lixos an der Atlantikküste. Photo: Chr. Briese, Hamburg.

152 Das Felseiland Mogador. Photo: Ebd.

153 Karte zum Periplus des Hanno. Zeichnung von Simone Behr in François Decret: Carthage ou l'empire de la mer, Paris: Le Seuil 1977.

154 Illustration von Rochegrosse zu dem Roman „Salammbô" von Gustave Flaubert. Paris, Bibliothèque nationale.

155 Die Zerstörung Karthagos durch Scipio. Radierung. Madrid, Nationalbibliothek.

157 Grabinschrift (Ausschnitt) für eine heilkundige Frau. Marmor, römische Zeit. Karthago, Museum. Photo: Gallimard, Paris.

159 Karte und rekonstruierte Vogelperspektive von Karthago. Graphik: H. G. Niemeyer, Hamburg.

161 Plan der Ausgrabungen auf dem Byrsa-Hügel, aus: Ch. E. Beulé: Fouilles à Carthage (1861). Paris, Bibliothèque nationale.

162/163 Mosaik mit Gladiatorendarstellungen aus Smirat. Photo: Gallimard, Paris.

165 Fundamente der Pfeilerreihen aus der Spätantike an den Hauptstraßen Karthagos. Photo: H. G. Niemeyer, Hamburg.

167 Aquädukt von Karthago. Photo: Ebd.

168 Das Baptisterium von Kèlibia (Tunesien), 6. Jh. n. Chr. Karthago, Museum. Photo: Gallimard, Paris.

170 Christliche Grabinschrift mit der Darstellung des „Guten Hirten". Karthago, Museum. Photo: Ebd.

173 Der heilige Augustinus als Lehrer in Karthago. Detail eines Freskos von Pozzoli Bennuzo in der Kirche von San Gimignano. Photo: Brogi/Giraudon.

174 Ein barbarischer Heereszug. Farbdruck aus dem 19. Jh. Photo: Edimedia.

175 Grabung im Zentrum des punischen Karthago. Photo: H. G. Niemeyer, Hamburg.

177 Übelabwehrende Dämonen-Maske. Photo: H. H. Ballschuh, Hamburg.

178 Hannibal überquert die Rhone. Ungarische Radierung, um 1800. Photo: J.-L. Charmet.

179 Hannibal überquert die Alpen. Photo: Ebd.

180/181 Die Bucht von Tunis, von Sidi Bou Saïd aus gesehen; im Hintergrund der Djebel Bou-Kornine. Photo: D. Jahn, Hamburg.

182 Punische Stele, 2. Jh. v. Chr. Paris, Musée du Louvre. Photo: Réunion des Musées nationaux, Paris.

189 Aquädukt von Karthago im Süden der Stadt. Photo: H. G. Niemeyer, Hamburg.

191 Tophet von Karthago. Photo: Ebd.

Register

Inhalt